517

Armen Avanessian

Flüchtigkeitsmanagement

Medientechnologien zwischen
Wirtschaft Kultur Politik

Merve Verlag

Originalausgabe

Printed in Germany
Druck- und Bindearbeiten: Alfa print, Martin
Umschlagentwurf: Jochen Stankowski, Dresden
Lektorat: Tom Wohlfarth, Berlin
Redaktorat: Tom Lamberty, Leipzig
ISBN 978-3-96273-077-2
www.merve.de

INHALT

Dass das menschliche Leben kurz und vergänglich ist, seine Erlebnisse und Erfahrungen flüchtig und vorübergehend sind, dürfte zum (mindestens abendländischen) Selbstverständnis der Menschen gehört haben, lange bevor sie dies in schriftlichen Zeugnissen auch für die Nachwelt festzuhalten begannen. Von den Ursprüngen griechischer Philosophie (etwa das gerne mit »Alles fließt« übersetzte »*Panta rhei*« Heraklits) oder römischer Lebensweisheit (»*Vita brevis, ars longa*« – »Das Leben ist kurz, die Kunst währt lang«) über die Vergänglichkeitsklagen und -feiern des Barock (etwa im bekannten *Vanitas*-Motiv) bis zu den Beschleunigungsdiagnosen der Moderne scheint es eine geteilte Erfahrung menschlicher Subjekte zu sein, dass ihr Dasein einer eminenten – oder zumindest eminent gefühlten – Ephemerität und Kurzlebigkeit unterworfen ist. Vor diesem Hintergrund lautet die zentrale These des Buchs, dass diese scheinbar anthropologisch konstante Erfahrung in der Moderne eine gänzlich neue Qualität erhält, die sich in Form einer neuartigen Wahrnehmung von *Flüchtigkeit* in den unterschiedlichsten Bereichen – von der Ästhetik zur Ökonomie, von der Technologie zur Politik etc. – beobachten lässt.

Die moderne Flüchtigkeit zeichnet aus, dass die Vorstellung von der menschlichen Vergänglichkeit keinesfalls nur auf die körperliche Existenz beschränkt bleibt, sondern zunehmend auch immaterielle Ideen erfasst. Nachdem sich im Zuge von Aufklärung, bürgerlichen Revolutionen und Industrialisierung um 1800 die theologischen, politischen und ökonomischen Fundamente der vormodernen Gesellschaft allmählich auflösen, führt diese neue Flüchtigkeitserfahrung die moderne Welt des 19. Jahrhunderts auch zu einem anderen Selbstverständnis: Die Erfahrung von Flüchtigkeit wird kulturell zunehmend positiv bewertet – und schließlich auch zu einem lukrativen Geschäft. Mit ihrer Expertise für die Unterscheidung von Vorübergehendem und Bleibendem waren es nicht zuletzt Künstlerinnen und Künstler, die in ihrem Schaffen nach Ausdrucks- und Umgangsweisen mit dieser neuen Erfahrung von Flüchtigkeit gesucht und dadurch wichtige Vorarbeit geleistet haben, sie auf den Begriff zu bringen – und zwar schon bevor neue Medientechnologien wie Fotografie, Phonographie und Film für eine gleichzeitige Intensivierung und Speicherung von Flüchtigem zu sorgen begannen. In etwa zeitgleich mit den ästhetischen Erkundungen des modernen Großstadtlebens durch Charles Baudelaire um 1850 machen dann auch die ökonomischen Analysen von Karl Marx deutlich, dass die neuen Produktionsweisen des Kapitalismus die alte Ordnung »verdampfen« und sich verflüchtigen lassen.

Der Bogen reicht hier von Dampfkessel und Druckpresse über elektrifizierte Medien bis hin zu den *Social Media* unserer digitalen Welt mit ihren immer schneller durchlaufenden Inhalten auf immer mobileren Geräten, immer dezentraleren Zwischenspeichern und dem immer flüchtigeren Aktualitätsstand immer häufigerer Updates. Von der industriellen Fließbandfertigung über die mikroelektronische Revolution bis hin zum *High Frequency Trading* heutiger Aktienbörsen, von fixem Kapital über Geldzirkulation bis hin zu spekulativen Derivatemärkten zieht sich Flüchtigkeit durch die moderne Technologie, Ökonomie und Managementlehre – und zwar eine durchaus profitable Flüchtigkeit, hat man erst einmal verstanden, die jeweiligen Flüchtigkeitsvorteile als solche zu erkennen und für sich zu nutzen. Bei unserem Nachvollzug dieser unterschiedlichen Phänomenbereiche und Diskurse wird es stets auch darum gehen, wie Menschen sich ihre Erfahrung von Flüchtigkeit selbst erzählen und plausibel machen, welche Narrationen und Poetiken sie im Umgang mit ihr entwickeln, in welchen Geschichten sie die Flüchtigkeit des Geschehens und der Geschichte überhaupt festzuhalten versuchen.

Wenn heute zudem philosophische und politische Beobachter von einem »Zeitalter der Migration« sprechen, dann ließe sich das auch als *Zeitalter der Flüchtigkeit* von Flüchtenden beschreiben. Wenn sich in den kommenden Jahrzehnten ein Großteil der Menschheit neu auf der Erde wird verteilen müssen, macht das die Migrantin oder den Flüchtling – nicht zuletzt mit Blick auf ihren instabilen rechtlichen Status – zu einer exemplarischen politischen Figur unserer (auch, aber nicht nur zukünftigen) Gegenwart. Zugleich machen die dringlichsten Fluchtursachen – von Klimakatastrophen über Kriege bis hin zur neuerlichen nuklearen Bedrohung – eines deutlich: Die Menschheit sieht sich heute nicht mehr nur mit ihrer individuellen Vergänglichkeit konfrontiert, sondern mit der als real empfundenen Möglichkeit einer Verflüchtigung ihrer gesamten Spezies.

Wir beginnen unsere Streifzüge durch die angeführten Phänomene in der modernen Kunstpraxis und -theorie, die jeweils in enger Verknüpfung mit den technologischen Gegebenheiten ihrer

Zeit stehen – und uns damit bereits auf das folgende Beobachtungsfeld, die Technologie, verweisen, welche wiederum in einem Verhältnis zur Ökonomie steht usw. So ergeben sich die einzelnen Buchteile aus den jeweils anderen und bilden eine Mischung von historischer und systematischer Abfolge. In kurzen Kapiteln werden miniaturhaft einzelne Phänomenbereiche moderner Flüchtigkeit betrachtet, wobei es selbstverständlich nicht darum gehen kann, diese in ihrer Vollständigkeit zu beleuchten. Vielmehr ist es das Ziel, sie in Konstellationen zu bringen, die an ihnen neue Aspekte sichtbar machen und umgekehrt auch Flüchtigkeit als Grunderfahrung der Moderne verstehbar werden lassen.

Zu diesem Zweck sollen entsprechende Zwischenkapitel oder *Ephemerologien* einen übergreifenden theoretischen Zusammenhang herstellen. Diese Ephemerologien können einen eher abstrakt-philosophischen, teils spekulativen oder auch stärker historisierenden Charakter haben – stets geht es jedoch um ein präziseres theoretisches Verständnis moderner Flüchtigkeit. Dazu werden anhand der Beobachtungen aus dem 19. und 20. Jahrhundert zunächst zwei Funktionsmodelle des Umgangs mit Flüchtigkeit entwickelt, die jeweils mittels zweier Pole eine dynamische Formation aus Verflüchtigung und Entflüchtigung aufspannen. Im Weiteren wird es dann insbesondere auch um die Frage gehen, ob und inwiefern angesichts der im 21. Jahrhundert weiter voranschreitenden Digitalisierung dieser theoretische Rahmen um ein sich bereits abzeichnendes drittes Modell einer digital-spekulativen *reinen Flüchtigkeit* (ohne fixierenden Gegenpol) zu erweitern wäre. Am Ende des Buchs steht schließlich die – auch an die Leserïn gerichtete – Frage, wie plausibel sich die

Geschichte der modernen Flüchtigkeit eigentlich erzählen lässt, bzw. ob eine radikal verstandene Flüchtigkeit nicht letztlich über historische wie metaphysische Ordnungsversuche hinausführt.

I. ÄSTHETIK

KUNST ALS KATALYSATOR UND FLÜCHTIGKEITSTRAINING

01. Ephēmeros

»Eintagswesen! Was ist einer, was ist einer nicht? Eines Schattens Traum ist der Mensch.« So lautet eine Übersetzung der im 6. oder 5. Jahrhundert vor unserer Zeitrechnung entstandenen achten Pythischen Ode des griechischen Dichters Pindar.[1] »Dem Tag unterworfen«, »täglich«, »eintägig«, »kurzlebig« lauten andere von Altphilologïnnen rekonstruierte Übersetzungen der Kombination aus griechisch *epí* (darüber, darauf, gegen, nach) und *hēmera* (Tag).[2] Das menschliche Dasein ist jedenfalls flüchtig, der Mensch in der frühgriechischen Kultur ist ein *ephēmeros*, ein *Tageswesen*, angesichts der Unberechenbarkeiten, die jeder Tag mit sich bringt, und der damit verbundenen Flüchtigkeit unserer Existenz.

Dieser extrem reduzierte Erfahrungshorizont nur einen Tag lebender Entitäten taucht später als medizinischer und biologischer Terminus in Phänomenen wie dem »eintägigen Fieber«, der zoologischen Gattung der Eintagsfliegen (Ephemera) und noch in unserem heutigen Alltagsgebrauch der modischen »Eintagsfliege« auf. Gängig ist dabei vor allem die Form verschiedener Adjektive wie »ephemer«, »kurzlebig«, »vergänglich«, bei denen es sich also in jedem Fall um zu »flüchtige« Phänomene handelt, als dass es uns gelingen würde, ihnen eine dauerhafte Bedeutung zu geben oder sie festzuhalten.

Das Deutsche kennt das Wort- und Bedeutungsfeld der »Flüchtigkeit« seit dem 16. und dann verstärkt im 18. Jahrhundert. Spätestens im Zuge »intensivierter Urbanisierung und Industrialisierung verlor das Wort ›flüchtig‹ im Laufe des 19. Jahrhunderts seinen Status als Beiwort und avancierte zu einer substantivierten Beschreibung der *condition moderne*«, und zwar ausgehend von der »grundlegenden Einsicht in die Prozessualität von Strukturen, Objekten, Modellen und Verfahren, durch die Konzepte des Performativen, des Flüssigen, des Werdens und der Geschwindigkeitsverhältnisse«, so die Kulturwissenschaftlerin Daniela Hahn.[3] Die Kunsthistorikerin Camilla Murgia hingegen spricht von »verschiedenen Merkmalen von Flüchtigkeit [ephemerality], wie etwa Zeitlichkeit, Unbestimmbarkeit oder Liminalität [temporality, elusiveness, liminality].«[4]

Daneben lassen sich grob drei Bedeutungsvarianten des Flüchtigen (und seines bildungssprachlichen Äquivalents des Ephemeren) unterscheiden, von denen uns die erste am häufigsten begegnet, nämlich: sein schnelles Vorübergehen (inklusive Vergänglichkeitstopos); zweitens eine gewisse Oberflächlichkeit (aus Gründen von psychologischer Konzentrationsschwäche bis zu persönlicher Nachlässigkeit); drittens die physikalische Eigenschaft, sich oder anderes zu verflüchtigen (in diesem chemischen Kontext des Verdampfens und Verdunstens ist auch die Rede von »Volatilität« – vom lateinischen *volare*: flüchten, fliehen).

Vor dem Hintergrund eines das ganze Spektrum aus Festem, Flüssigem und Gasförmigem noch ins Metaphysi(kali)sche durchquerenden Bedeutungsfelds – von Düften und Schäumen über immer schnellere Gefährte und die vergehende Zeit bis hin zum

Menschen und der Menschheit insgesamt – überrascht es wenig, dass es keine eindeutige Definition oder Eingrenzung der Flüchtigkeit gibt. Umso besser scheint sie sich zu eignen für die Umschreibung einer ganzen Epoche wie der Moderne: Obwohl der polnisch-britische Soziologe Zygmunt Bauman im englischsprachigen Original weder von *ephemeral* noch *fleeting* oder *volatile*, sondern von *liquid modernity* spricht, ist die deutsche Übersetzung als *Flüchtige Moderne* dennoch durchaus sinngemäß.[5]

Widersprüchliche Einschätzungen betreffen allerdings nicht nur die Frage, ob Flüchtigkeit nun angesichts fragiler Materialien und Transitorte auch ein räumliches Phänomen ist – ob also »auch Raum [...] flüchtig sein [kann]« oder ob vielmehr »Flüchtiges [...] zeit- und nicht raumgebunden« ist.[6] Gemäß der von Flüchtigkeit betroffenen, verschwindenden Phänomene ist auch ihre Zeitlichkeit selbst diffus und erschwert eine genaue Begrenzung. Sind ephemere Ereignisse dadurch gekennzeichnet, dass ihr Verschwinden zwar zu erwarten, aber nicht genau vorherzusehen ist (dies im Gegensatz zu wiederholbaren Phänomenen oder temporären Provisorien, die ein festes Zeitfenster haben)?[7] Wir werden sehen, dass an die Frage von Beginn und Ende flüchtiger Momente auch diejenige nach der Richtung der Zeit gebunden ist.

02. Aggregatzustände

Ohne dass damit die Schwierigkeiten einer genauen Definition des Flüchtigen sowie seiner räumlichen, zeitlichen und personalen Attribution behoben wären, kann hier zumindest eine Beobachtung festgehalten werden. Sie betrifft die (nicht nur materielle) Differenz von Flüssigem und Gasförmigem sowie die Frage nach einem aktiven Agenten von Flüchtigkeit. Betrachtet man die Beschreibungen ökonomischer Verflüssigung im 19. Jahrhundert (als ein literarisches Beispiel wäre hier Gustav Freytags Roman *Soll und Haben* von 1855 zu nennen), dann fällt eine auch in der Folge oft beibehaltene positive Konnotation des Strömens und Fließens auf: Dinge sollen ›im Fluss sein‹ und ›in Bewegung geraten‹ – exemplarisch im Fall von nicht ›festem‹, sondern ›flüssigem Kapital‹.

Zugleich fällt auf, dass diese Verflüssigung verstärkt als Flüchtigkeit dann erfahren wird, wenn sie als eine aktive Eigenschaft der Dinge erscheint. Wir schreiben einer Sache oder einem Prozess Flüchtigkeit in dem Maße zu, als wir uns mit einem Agenten konfrontiert sehen, dem wir Handlungen unterstellen. Flüchtig ist oder wird etwas, wenn es sich aktiv entzieht oder flieht. Insofern impliziert die Zuschreibung von Flüchtigkeit eine aktive Bewegung des Entzugs oder Sich-Entziehens auch dort, wo es sich offensichtlich um keine menschliche oder personale Entität handelt. Jedoch verweist dies nicht zuletzt auf einen Agens-Entzug des eigenen Handelns, das sich vom Flüchtigen und Ungreifbaren herausgefordert fühlt. Wobei man über das, was man verflüssigt hat, immerhin noch Verfügungsgewalt besitzt, ja mitunter sogar mehr als über Festes oder Immobiles – hier wiederum beispielhaft das liquide Kapital im Gegensatz zu unveräußerbarem Besitz.

Die Verflüssigung von Objekten wird in der subjektiven Wahrnehmung als Flüchtigkeit gefasst und impliziert die Zuschreibung einer Aktivität an einen Nicht-Agenten. Die Gefahr oder der Skandal des Flüssig-Flüchtigen setzt nur an der Stelle ein, an der sich eine zunächst gesteigerte Verfügbarkeit quasi in Luft auflöst. Oder anders ökonomisch formuliert: wenn Kapital Gefahr läuft, verloren zu gehen. Oder wieder anders chemisch: wenn Verflüssigtes in den Aggregatzustand des Gasförmigen übertritt und damit gänzlich unkontrollierbar wird.

Als einer der Ersten hat Karl Marx die Erfahrung eines alles umstürzenden Potenzials von Verflüssigung und Verflüchtigung beschrieben und in berühmte Formulierungen und Metaphern gegossen. Selbst noch die gescheiterten proletarischen Revolutionen des 19. Jahrhunderts offenbaren ihm zufolge »unter der scheinbar festen Oberfläche Ozeane flüssiger Masse, die nur der Expansion bedarf, um Kontinente aus festem Gestein in Stücke zerbersten zu lassen«, wie es in einer 1856 gehaltenen Rede heißt.[8] Dazu kommt der im *Kommunistischen Manifest* von 1848 besungene Zwang der Bourgeoisie, »die Produktionsinstrumente, also die Produktionsverhältnisse, also sämtliche gesellschaftlichen Verhältnisse fortwährend zu revolutionieren. [...] Alle festen eingerosteten Verhältnisse mit ihrem Gefolge von altehrwürdigen Vorstellungen und Anschauungen werden aufgelöst, alle neugebildeten veralten, ehe sie verknöchern können. Alles Ständische und Stehende verdampft, alles Heilige wird entweiht, und die Menschen sind endlich gezwungen, ihre Lebensstellung, ihre gegenseitigen Beziehungen mit nüchternen Augen anzusehen.«[9]

Die verknöcherten politischen Verhältnisse werden durch flüssiges Magma aufgebrochen und drohen – oder versprechen –, eine vollständige Auflösung und Verflüchtigung der bisherigen Besitzverhältnisse zu bewirken. Dieses radikale In-Bewegung-Setzen des Bestehenden, die Verflüchtigung vormals gefestigter politischer und gesellschaftlicher Verhältnisse, der Wille zu einer Freisetzung der darin sich äußernden revolutionären Energien wird bei Marx von einem linearen Geschichtsverständnis aufgefangen, an dessen Ziel die Utopie einer beruhigten, klassenlosen Gesellschaft steht, der weitere Umbrüche und Verflüchtigungen erspart bleiben sollen.

Dass es sich bei Marx' Formulierungen mit ihrer Bildsprache des Flüssigen und Flüchtigen nicht um eine bloße schriftstellerische Idiosynkrasie handelt oder um eine eigenwillige, der Beschäftigung mit politisch-ökonomischen Fragen geschuldete Metaphernwahl, das hat der amerikanische Politologe Marshall Berman in seinem Buch *All That Is Solid Melts Into Air. The Experience of Modernity* herausgearbeitet. Ihm zufolge werden zeitgleich mit Marx auch beim französischen Dichter Charles Baudelaire »Fluidität und Verdunstung« als »Symbole für die spezifische Ausprägung des modernen Lebens« erkannt und entwickeln sich in der Folge »zu den primären Eigenschaften der selbstbewusst modernistischen Malerei, Architektur und Design, Musik und Literatur, wie sie sich Ende des 19. Jahrhunderts herausbilden sollten.«[10]

03. Baudelaires Moderne

EINER DAME

Geheul der Straße dröhnte rings im Raum.
Hoch schlank tiefschwarz, in ungemeinem Leide
Schritt eine Frau vorbei, die Hand am Kleide
Hob majestätisch den gerafften Saum;

Gemessen und belebt, ihr Knie gegossen.
Und ich verfiel in Krampf und Siechtum an
Dies Aug' den fahlen Himmel vorm Orkan
Und habe Lust zum Tode dran genossen.

Ein Blitz, dann Nacht! Die Flüchtige, nicht leiht
Sie sich dem Werdenden an ihrem Schimmer.
Seh ich dich nur noch in der Ewigkeit?

Weit fort von hier! zu spät! vielleicht auch nimmer?
Verborgen dir mein Weg und mir wohin du mußt
O du die mir bestimmt, o du die es gewußt!

So lautet Walter Benjamins Übersetzung von Charles Baudelaires berühmtem Gedicht *À une passante* aus *Les Fleurs du Mal*.[11] Der Beginn evoziert ringsum dröhnende Straßengeräusche, aus dem die »flüchtige« Passantin ebenso plötzlich auftaucht, wie sie gleich wieder in die Anonymität der Großstadt zu entfliehen scheint [fuir, fugitive] – eine Verflüchtigung freilich, in der Baudelaire sie zugleich künstlerisch zu verewigen und festzuhalten versucht. Wir haben es hier also mit einer Flüchtigkeit zu tun, der zwar noch die Hoffnung auf eine »Ewigkeit« gegenübersteht – auf eine Ewigkeit jedoch, die sich sofort selbst wieder zu verflüchtigen scheint: »Weit fort von hier! zu spät! vielleicht auch nimmer?« Baudelaire erweist sich damit als einer der ersten Phänomenologen des modernen Stadtlebens – in diesem Fall von Paris –, inklusive der dafür typischen flüchtigen Begegnungen, wie sie dann auch in unzähligen (nicht nur französischen) Chansons tradiert wurden. Liebe oder erotisches Begehren entzündet sich erst durch und mittels Verflüchtigung, oder wie Benjamin kommentiert: »Die Entzückung des Städters ist eine Liebe nicht sowohl auf den ersten als auf den letzten Blick«, in dem die »Liebe selbst von der Großstadt stigmatisiert erkannt wird«.[12]

Spätestens ab Mitte des 19. Jahrhunderts ist die Alltagserfahrung der Stadtbewohnerïnnen geprägt von einer neuartigen Flüchtigkeit, dem ständigen Wechsel neuer und wieder veralteter Moden und beschleunigter Kommunikation im »Zeitalter der konkurrenzlosen Dominanz der Presse«, der der Historiker Jürgen Osterhammel eine beständig »zunehmende Aktualität« ihrer Nachrichten bescheinigt.[13] Für diese neue Spezies des Stadtmenschen hat das 19. Jahrhundert eine Vielzahl von Bezeichnungen und Typologisierungen hervorgebracht. Bereits Hegel geißelte um 1800 die dekadenten Romantiker seiner Zeit und lieferte damit Kierkegaard zentrale Stichworte für seine Analysen des Ironikers, Ästheten und Verführers, während Benjamin nicht zuletzt mit Blick auf Baudelaire vom »Flaneur« gesprochen hat und Baudelaire selbst vom »Dandy«: »Die Menge ist sein Bereich, wie es die Luft für den Vogel ist, wie das Wasser für den Fisch. Seine Passion und seine Profession ist, *sich mit der Menge zu vermählen*. Für den vollkommenen Umherstreicher, für den leidenschaftlichen Beobachter, ist es ein unendlicher Genuß, seinen Wohnsitz in der Anzahl, im Gewoge, in der Bewegung, im Flüchtigen und Unendlichen aufzuschlagen«, um »das stets unbeständige und flüchtige Leben« zu reflektieren.[14]

Offensichtlich ist von einem solchen Typus des Bohemiens nicht mehr sicher zu sagen, ob er überhaupt noch in einem klassischen Sinne als Künstler verstanden werden kann oder modellhafte Werke produzieren will – auch wenn der deklarierte Nicht-Künstler (nicht Anti-Künstler!) Marcel Duchamp diese Frage einige Jahrzehnte später rhetorisch beantworten wird: »Kann man Werke schaffen, die nicht Kunst sind?«[15]. So antizipiert auch die anonyme Produktivität des ästhetischen Flaneurs bereits sowohl eine Kunst um der Kunst willen (ein *l'art pour l'art* ohne religiöse, dekorative oder moralische Funktionen) wie einen ihr zugehörigen Massen-(Kunst-)Markt. Und das paradigmatische Objekt dieser neuen flüchtigen Ästhetik und künstlerischen Flüchtigkeitserfahrung ist eben der Gegenstand von Baudelaires Gedicht: »Die Passantin ist seit dem 19. Jahrhundert Figur der Flüchtigkeit *par excellence*. Sie taucht im Blickfeld des Flaneurs unerwartet auf, um nach ihrem kurzen Auftritt umgehend wieder zu verschwinden«, so Cornelia Wild. In dieser »Poetik der Flüchtigkeit« fungiert sie geradezu als Auslöser und »Bedingung der modernen Wahrnehmung«[16], selbstverständlich (nicht nur) an dieser Stelle aus einer rein männlichen Perspektive.

Flüchtigkeit ist bei Baudelaire also nicht nur eine motivische Figur, sondern sie ist Kern und Antrieb einer ganzen Theorie der Moderne und der in ihr sich durchsetzenden Wahrnehmungsweise. Fragen nach einem spezifisch modernen Modus von Erfahrung und Wahrnehmung (griechisch: *aísthēsis*) stehen dabei am Beginn einer modernen Ästhetik und Poetik – inklusive der Schwierigkeiten, unter diesen flüchtigen Bedingungen noch Bleibendes literarisch erzählen, lyrisch besingen oder bildnerisch festhalten zu können. Immer prekärer und zugleich begehrenswerter wird darin das Vermögen des Künstlers, noch Beständiges aufzuzeichnen, Flüchtiges zu verewigen – also die Flüchtigkeit sowohl zuzulassen als auch auf Dauer zu arretieren –, gleich ob es sich um den modernen Maler handelt, dem Baudelaire einen bedeutenden Aufsatz widmet, oder um den Lyriker, der er selbst war. Dies soll nun auf eine Weise geschehen, so noch einmal Benjamin, »daß sie am Bestand der Erfahrung mit Nachdruck das heraushebt, was als beneidenswerter Besitz des Dichters und besonders des Lyrikers in einer Epoche gelten mochte, der die lyrische Sangbarkeit der Erfahrung sich zu verflüchtigen schien. Diese Epoche ist die Moderne in dem Sinn, den Baudelaire dem Wort gegeben hat«.[17]

In der Tat ist die Moderne für Baudelaire am besten über ihr neu gewonnenes oder neu zu gewinnendes Verhältnis zu Flüchtigkeit zu verstehen: »Die Modernität, das ist das Vorübergehende, das Flüchtige, das Zufällige [le transitoire, le fugitif, le contingent], die Hälfte der Kunst, deren andere Hälfte das Ewige und Unwandelbare ist. Für jeden alten Maler hat es nur eine Modernität gegeben; die meisten schönen Porträts, die uns aus den früheren Zeiten geblieben sind, sind mit den Kostümen ihrer Epoche bekleidet. Sie sind vollkommen harmonisch, das Kostüm, die Frisur und sogar die Gebärde, der Blick und das Lächeln (jede Epoche hat ihre Haltung, ihren Blick und ihr Lächeln) bilden ein Ganzes einer vollkommenen Lebenskraft. Dieses vorübergehende, flüchtige Bestandteil, dessen Verwandlungen so häufig sind, zu verachten oder darauf zu verzichten haben Sie nicht das Recht.«[18]

Es ist oft kommentiert worden, dass Baudelaire in seinem zentralen Aufsatz über den »Maler des modernen Lebens« mit Constantin Guys ausgerechnet einen Zeichner und Karikaturisten als Prototypen einer neuen Welt- und Zeiterfahrung anführt. Aber für die »Sittenskizze, die Darstellung des bürgerlichen Lebens und die Schauspiele der Moden, ist das flinkeste und billigste Mittel offenbar das beste«.[19] Und eine der Moderne affine Sensibilität ist zugleich die Voraussetzung, um Baudelaires zweiten ästhetischen Imperativ zu erfüllen, »von der Mode das freizulegen, was sie an Poetischem im Historischen enthalten mag, das Ewige aus dem Vorübergehenden zu gewinnen«.[20] Kunst ist hier nicht mehr ein Gegenpol von Flüchtigkeit, wie sie es mit der traditionellen Identifizierung von Flüchtigkeit und Vergänglichkeit notwendigerweise gewesen war, sondern ihr (auch metaphysischer) Kern liegt gerade in ihrer Flüchtigkeitsaffinität: dass sie es vermag, Flüchtigkeit freizusetzen *und* zu verewigen.

In dieser laut Michel Foucault zugleich heroischen wie ironischen Verbindung von extremer Flüchtigkeit (exemplarisch in der Mode) und Idealität oder Ewigkeit liegt die Pointe von Baudelaires Essay.[21] Und wir werden sehen, wie Walter Benjamin diese moderne Denkfigur noch einmal medientheoretisch weiterdrehen wird (verbunden mit einer Kritik an Baudelaire[22]), um ihr eine auch heute noch relevante Wendung zu geben: Was nämlich, wenn die Dinge – anders als bei Baudelaire, bei dem aus der flüchtigsten Gestalt immerhin eine ewige Bedeutung gezogen werden soll – so etwas wie Identität mit sich selbst nur im Zustand äußerster Flüchtigkeit erlangen?

04. Neue Wissenspraktiken und Aufschreibesysteme um 1900

Trotz der faszinierenden Aspekte und immer wieder positiven Konnotationen, die das 19. Jahrhundert flüchtigen Phänomenen unterschiedlicher Provenienz abgewinnen konnte, bleibt das Flüchtige meist eine Ausnahme von der Regel und wird weiterhin vor dem Hintergrund des Dauerhaften, Beständigen, verstanden.[23] Genau das ändert sich mit der Wende zum 20. Jahrhundert. Anstatt eine monokausale Erklärung dafür in äußeren Faktoren zu suchen – etwa in der umfassenden Durchsetzung der Industrialisierung oder in den Lebensbedingungen der Großstadt mit ihren Innovationen im Bereich der Massenmedien und Unterhaltungsindustrie –, ist es lohnender, diese im Zusammenhang von parallel sich vollziehenden geistig-intellektuellen Veränderungen der Zeit zu betrachten. Die »Konjunktur des Flüchtigen um 1900«[24] ist dabei nicht als rein »ästhetische« zu verstehen, sondern vielmehr als eine, in der der Bereich des Ästhetischen qua Theorie oder empirischer Wissenschaft der »Wahrnehmung« (*Aisthetik*) im weitesten Sinne zu begreifen ist.

Künstlerische Befragungen von Flüchtigkeit überlagern sich im 20. Jahrhundert mit wahrnehmungstheoretischen Experimenten und naturwissenschaftlichen Herangehensweisen. Aus kulturwissenschaftlicher Perspektive hat Daniela Hahn etwa die »Anfänge einer experimentellen Bewegungsforschung« untersucht, »die sich im Schnittpunkt von Physiologie, Künsten und Alltagsleben« herausbildet. Der Begriff des »Flüchtigen« fungiert hier als »Suchfigur, um jene Bereiche des Zwischen zu sondieren, in denen ein Bewegungswissen in seinen Vorgängen, Übergängen und Verwandlungen in Erscheinung tritt«.[25] Das betrifft auch einen Vorgang, bei dem vielleicht nicht jede:r als erstes an eine »Bewegungsform« denken mag: das Schreiben. Bereits Baudelaire hatte die Bedeutung von flüchtigkeitssensiblen Aufzeichnungstechniken hervorgehoben, wenn er über die »schreckliche Angst« berichtete, »von der alle großen Künstler beherrscht sind und sie so sehnlichst wünschen lässt, sich alle Ausdrucksmittel anzueignen, damit niemals die Befehle des Geistes durch die zögernde Hand entstellt würden; damit schließlich die Ausführung, die ideale Ausführung ebenso unbewusst, ebenso *fließend* werde, wie es die Verdauung ist für das Gehirn des sich wohlbefindenden Menschen, der gespeist hat.«[26]

Wenn wenige Jahrzehnte später erste Patient*innen Sigmund Freuds diesem erfolgreich die Idee einer »Redekur« suggerierten, dann war damit eine dem Verfließen bewusster und möglichst auch unbewusster Assoziationen affine Wahrnehmungspraxis verbunden, die Freud später »gleichschwebende Aufmerksamkeit« nennen sollte.[27] In seinen kurzen *Ratschlägen für den Arzt bei der psychoanalytischen Behandlung* von 1912 greift er dafür nicht zufällig zu dem Vergleich mit einem damals medientechnologisch avancierten Kommunikationsinstrument. Die Psychoanalytikerïn soll demzufolge »dem gebenden Unbewußten des Kranken sein eigenes Unbewußtes als empfangendes Organ zuwenden, sich auf den Analysierten einstellen wie der Receiver des Telephons zum Teller eingestellt ist. Wie der Receiver die von Schallwellen angeregten elektrischen Schwankungen der Leitung wieder in Schallwellen verwandelt, so ist das Unbewußte des Arztes befähigt, aus den ihm mitgeteilten Abkömmlingen des Unbewußten dieses Unbewußte, welches die Einfälle des Kranken determiniert hat, wiederherzustellen.«[28]

Benjamin wird – noch zu Lebzeiten Freuds und mit Blick auf diesen – einen medientechnologischen Schritt weiter gehen, um die neue Perzeptionsfähigkeit für Flüchtiges zu beschreiben. Mit Blick auf die »revolutionären Funktionen des Films« und dessen »künstlerische und [...] wissenschaftliche Verwertung« schreibt er im Aufsatz über das *Kunstwerk im Zeitalter seiner technischen Reproduzierbarkeit*: »Eine Fehlleistung im Gespräch ging vor fünfzig Jahren mehr oder minder unbemerkt vorüber. [...] Seit [Freuds] ›Psychopathologie des Alltagslebens‹ hat sich das geändert. Sie hat Dinge isoliert und zugleich analysierbar gemacht, die vordem unbemerkt im breiten Strom des Wahrgenommenen mitschwammen.«[29] Ein weiteres einschlägiges Kommunikations- und Speichermedium beschreibt Freud in seinen »Notizen über den Wunderblock« (1925), bei dem ein austauschbares Deckblatt das flüchtige Kurzzeitgedächtnis repräsentiert, während eine darunter liegende Wachsschicht das Langzeitgedächtnis darstellt.[30]

Mit der Wende zum 20. Jahrhundert werden flüchtige Phänomene flächendeckend zu Versprechen und Herausforderung für ästhetische Avantgarden wie für neue Experimentalwissenschaften, mit dem geteilten Ziel, Registraturen bzw. Aufzeichnungs- oder »Aufschreibesysteme«[31] zur Fixierung des Flüchtigen zu finden (ein Bestreben übrigens, das auch hundert Jahre später im Zeitalter der Algorithmen nichts von seiner Dringlichkeit verloren hat).

05. Walter Benjamin 2.0

Der – offenkundig auch durch die parallel sich entwickelnden neuen Medientechnologien motivierte – Imperativ, Flüchtiges aufzuzeichnen, und die damit verbundene, sich selbst verstärkende Sensibilität für immer neue Flüchtigkeitsphänomene erzeugen naturgemäß eine zunehmende Schwierigkeit, diese Phänomene in einen kausalen Nexus zu bringen. Oder erzähltechnisch formuliert: die Schwierigkeit, einen narrativen Zusammenhang zwischen flüchtigen Elementen zu stiften. Walter Benjamin hat als einer der Ersten diese Krise des Erzählens sowie eine ›Verflüchtigung‹ der Möglichkeit lyrischen Singens, der bereits berührten »Sangbarkeit der Erfahrung« in der baudelaireschen Moderne, reflektiert. In seinem Aufsatz »Erfahrung und Armut« thematisiert er die Verbindung zwischen Erfahrungsarmut und der Problematik, durch Erzählen Zusammenhang zu stiften (inklusive schon damals bestehender esoterischer Symptome wie der »Wiederbelebung von Astrologie und Yogaweisheit, Christian Science und Chiromantie, Vegetarianismus und Gnosis, Scholastik und Spiritismus«). Konkret: »Wer trifft noch auf Leute, die rechtschaffen etwas erzählen können? Wo kommen von Sterbenden heute noch so haltbare Worte, die wie ein Ring von Geschlecht zu Geschlecht wandern? Wem springt heute noch ein Sprichwort hilfreich zur Seite? Wer wird auch nur versuchen, mit der Jugend unter Hinweis auf seine Erfahrung fertig zu werden?«[32]

Abgesehen aber von allgemeinen geschichtstheoretischen Überlegungen sowie deren theologischen Aspekten – etwa die »ungemeine Flüchtigkeit des echten historischen Gegenstandes [...] im Charakter der ›Offenbarung‹« – oder auch von materialgeschichtlichen Exzerpten zur ›Verflüchtigung‹ von *Eisen als revolutionärem Baumaterial* »hin zu ›unbegrenzten Möglichkeiten‹«[33] sind für unsere Fragestellung vor allem Benjamins (massen)medientheoretische Überlegungen zum Kunstwerk im Zeitalter seiner technischen Reproduzierbarkeit relevant, denen wir im vorigen Abschnitt schon begegnet sind und die eine zentrale Einsicht in die temporale Ontologie von Flüchtigkeit bieten: »Reproduktion, wie illustrierte Zeitung und Wochenschau sie in Bereitschaft halten«, wird darin unterschieden »vom Bilde. Einmaligkeit und Dauer sind in diesem so eng verschränkt, wie Flüchtigkeit und Wiederholbarkeit in jener. *Die Entschälung des Gegenstandes aus seiner Hülle, die Zertrümmerung der Aura* [von vermeintlichen Originalen oder deren sogenannten Kopien, und zwar durch die Wiederholung in reproduktiven Medien; A.A.], *ist die Signatur einer Wahrnehmung, deren ›Sinn für das Gleichartige in der Welt‹* [...] *so gewachsen ist, daß sie es mittels der Reproduktion auch dem Einmaligen abgewinnt.*«[34] Die beiden Pole von Flüchtigem und Ewigem, von Reproduziertem und Einmaligem öffnen sich und werden durchlässig füreinander: In Fotografie, Film oder Zeitung wird die Einmaligkeit traditioneller Bildwerke wiederholbar, Flüchtiges wird festgehalten und gespeichert und kann dadurch zugleich weiter verbreitet werden, weswegen die Wiederholbarkeit auch nicht einfach eine Zerstörung von flüchtiger Aura oder auratischer Flüchtigkeit bedeutet.

Benjamin operiert hier mit einer zugleich historischen wie ontologischen Unterscheidung von Kult- und Ausstellungswert von Kunstwerken, also von Bildern und Reproduktionen. Der Dominantenwechsel hin zum Ausstellungswert hat dabei nicht zuletzt medientechnologische Ursachen, die zu veränderten Rezeptionsbedingungen und einer Veränderung von Wahrnehmung generell geführt haben. Doch im Zuge der technischen Reproduzierbarkeit von Artefakten verschwindet die Aura von Bildern und Menschen, von Objekten und Subjekten nicht einfach, sondern sie *verflüchtigt* sich.

Bei diesem Vorgang der Verflüchtigung mit der ihr eigenen verwickelten, durchaus nicht mehr linearen, Temporalität kann es aber zu Reminiszenzen und geisterhaftem Wiederkehren von Aura kommen. Diese ist für Benjamin ein »sonderbares Gespinst aus Raum und Zeit: einmalige Erscheinung einer Ferne, so nah sie sein mag«[35], und daher (auch wenn Benjamin zuweilen Berge als Beispiele nimmt) ohnehin mit Flüchtigkeit konnotiert. So etwa in der Fotografie: Denn hier »*beginnt der Ausstellungswert den Kultwert auf der ganzen Linie zurückzudrängen.* Dieser weicht aber nicht widerstandslos. Er bezieht eine letzte Verschanzung, und die ist das Menschenantlitz. Keineswegs zufällig steht das Portrait im Mittelpunkt der frühen Photographie. Im Kult der Erinnerung an die fernen oder die abgestorbenen Lieben hat der Kultwert des Bildes die letzte Zuflucht. Im flüchtigen Ausdruck eines Menschengesichts winkt aus den frühen Photographien die Aura zum letzten Mal. Das ist es, was deren schwermutvolle und mit nichts zu vergleichende Schönheit ausmacht.«[36]

Ein Jahrhundert künstlerischer und technologischer Flüchtigkeitserfahrung später stellt sich uns die Sachlage einen Tick weniger melancholisch dar, wissen wir doch um die beständig perpetuierte Wiederkehr vermeintlich flüchtiger Einmaligkeiten. Schon der revolutionäre Konstruktivist Alexander Rodtschenko hatte in seinen Überlegungen zur Fotografie sowie in seiner fotografischen Praxis gegen das summierende Portrait auf die serielle Aufnahme etwa von Flugzeugen gesetzt. Zum Ausdruck kommt darin letztlich die Annahme, dass es von in stetiger Weiterentwicklung befindlichen Industrieobjekten allenfalls eine temporale, aber keine ontologische Identität geben kann.

Gewiss besteht – wie wir später genauer sehen werden – auch ein monetäres Interesse daran, dass Aura nie ein für alle Mal verschwindet. Möglich wird dies aber durch eine allen Medientechnologien inhärente Dialektik der Flüchtigkeit (in Form von Arretierung und Freisetzung, Speicherung und Zirkulation sowie womöglich noch weiteren Operatoren). Wir alle kennen heute das (vermeintliche) Wiederauftauchen von für immer verschwunden Geglaubtem auf neuen Plattformen, etwa als digitale Remedialisierung alter Filmdokumente auf Youtube. Und was hätte wohl Rodtschenko dazu gesagt, dass so viele seiner Portraits –

von seiner Frau, der Dichterin Warwara Stepanowa, von Wladimir Majakowski und Sergei Tretjakow – ikonisch geworden sind, also mit der Zeit und in ihrem Nachleben eine flüchtig-beständige Aura erlangt haben?

06. (Massen-)Medientheorie

Die Rolle von Medien für das neue Verständnis von Flüchtigkeit lässt sich auf verschiedenen Ebenen analysieren. Diese betreffen erstens den zunehmenden Einfluss von Massenmedien im Alltagsleben, zweitens den veränderten Status von Inhalten bei Medienwechseln sowie drittens eine Medientechnologien selbst eigene Flüchtigkeit. Zunächst betrafen schon Benjamins oben diskutierte Überlegungen die Auswirkungen einer zunehmenden Durchdringung von Gesellschaft und Kultur durch die neuen Massenmedien des 19. und 20. Jahrhunderts, mit dem doppelten Effekt einer zunehmenden Verflüchtigung von Inhalten und einer damit verbundenen erhöhten Bedeutung des Ephemeren. Einer der zentralen Vertreter der kanadischen Schule der Medientheorie, Harold Innis, beschrieb die katalytische Rolle von Massenmedien und neuen Unterhaltungsmedien (Werbung, Kino, Radio) auch für ein neues Verständnis von Temporalität so: »Der Einfluss der Mechanisierung auf die Druckindustrie war in der zunehmenden Bedeutung des Ephemeren offenbar geworden. Oberflächlichkeit wurde unabdingbar, um den unterschiedlichen Ansprüchen einer immer größeren Zahl von Menschen gerecht zu werden, und folglich von denjenigen zu einer Kunst entwickelt, die sich gezwungen sahen, diese Ansprüche zu erfüllen. Das Radio betonte die Bedeutung des Ephemeren und des Oberflächlichen. Im Kino und im Rundfunk wurde es notwendig, nach Unterhaltung und Vergnügen zu suchen. [...] Die Anforderungen der neuen Medien übertrugen sich auch auf die älteren, die Zeitung und das Buch. Diese gewaltigen Veränderungen haben die Zeit zerstört, und es wurde immer schwieriger, Kontinuität herzustellen oder sich mit der Zukunft zu befassen.«[37]

Medien sind also keineswegs nur passive Kanäle für von ihnen unabhängige Inhalte, sondern prägen vielmehr die Form dieser Inhalte entscheidend mit, wie sich vor allem bei einer zweiten medientheoretischen Überlegung in Bezug auf Flüchtigkeit zeigt. Einerseits speichern Medien ansonsten sich verflüchtigende Inhalte, bewahren sie und ermöglichen ihre Zirkulation durch Übertragung oder weitere Verarbeitung und Prozessierung. Doch andererseits wiederholt sich die Verflüchtigung vermeintlich sicher abgespeicherter Inhalte inzwischen regelmäßig im Fall einer Aktualisierung des jeweiligen Speichermediums oder seiner Ersetzung durch eine neue Speichertechnologie.

Ein einstmals alltägliches Beispiel für ein scheinbar maximal flüchtiges Medium war ein halbes Jahrhundert lang – nämlich seit seiner Entstehung in den 1920er Jahren – das Fernsehen, das erst durch die Einführung von VHS-Rekordern (und anderen analogen Konkurrenzmedien) für eine breite Masse in den 1970ern die Eigenschaft der Unwiederbringlichkeit verlor. Bis sich freilich eben diese Entflüchtigungstechnologien abermals drei Jahrzehnte später angesichts neuer, nun digitaler Speichermedien selbst wieder verflüchtigten – denn nur ein Bruchteil der durch zuweilen manische Aufnahmetätigkeit entstandenen unzähligen Videosammlungen hat sich durch einen Wechsel auf digitale Träger erhalten. (Wobei freilich die jeweilige, unbrauchbar gewordene, Hardware keineswegs so einfach zu verflüchtigen ist – statt sich in Luft aufzulösen, verliert sie lediglich ihre Funktionalität und wird zu Technomüll gemacht).

Wieder anders und noch komplizierter gestalten sich die in immer höherer Frequenz auftretenden Medienwechsel innerhalb der digitalen Sphäre: zuletzt etwa mit neuen digitalen Plattformen wie Google oder Youtube, die unzählige verloren geglaubte Ton-, Text- oder (Bewegt-)Bilddokumente aus dem vermeintlichen Status der Flüchtigkeit (qua Vergessenheit oder Verlorengeglaubtsein) geholt haben. Gerade diese neuen Medienarchive aber führen Medientheoretikerïnnen zufolge zu einer ebenso neuen Form von Flüchtigkeit, nicht zuletzt in der Form immer kürzerer Produktzyklen und Rezeptionsspannen bei sogenannten »flüchtigen« oder »ephemeren Medien«: Dieser Begriff evoziert »Formate, die sich durch ihre Kürze auszeichnen; er beschreibt eine Reihe an zeitlich komprimierten Medien, die sich binnen Sekunden oder Minuten ansehen oder konsumieren lassen, von den Werbetexten zwischen Fernsehsendungen bis hin zur explosionsartigen Zunahme von Online-Kurzformaten auf Webplattformen wie YouTube, Twitter oder TikTok. Gleichzeitig aber verweist der Begriff auch auf die Zirkulation von Medien. Die gegenwärtige Bildschirmkultur ist nicht nur durch die Kurzlebigkeit vieler ihrer wichtigsten audiovisuellen Formen (Idents, Promos, Kurzfassungen, Mobisodes, Web-Dramen, nutzergenerierte Inhalte) ephemerer geworden, sondern auch durch die immense

Vielfalt an Clips und Snippets innerhalb der Bewegtbildkultur: Das Internet bietet eine Plattform, auf der Texte, die zuvor als flüchtig gelten mochten, dauerhafter und leichter zugänglich werden, indem es die Möglichkeiten ihrer Verbreitung und Wiederherstellung erheblich erweitert.«[38] Wodurch sich also der Bogen zwischen Verflüchtigung und Entflüchtigung, zwischen Speicherung und Zirkulation, wieder schließt.

Drittens muss uns hier nun noch die Verknüpfung zu einer den Medien selbst eigenen Flüchtigkeit beschäftigen. Schon den analogen Massenmedien des 20. Jahrhunderts – Film, Fernsehen, Radio, Telefon – kommt Flüchtigkeit in zweifacher Weise zu, und zwar zum einen abermals inhaltlich als Repräsentation und Kommunikation von Transitorischem: Während wir zusehen, zuhören oder miteinander sprechen, verschwindet das Hier und Jetzt, verflüchtigt sich das in diesem vorübergehenden Augenblick Medialisierte zugleich ›vor unseren Augen‹ (Ohren, Mündern). Doch zum anderen wird damit formal auch die Aufmerksamkeit auf das prekäre oder flüchtige Medium selbst gelenkt: »Diese Gegenwart, in der wir einen Film oder eine Fernsehsendung ›sehen‹ oder Radio ›hören‹, steht im Widerspruch zu unserer Vorstellung von Medien als einem physischen Produkt (einer Film- oder Tonbandspule) oder als einer referenzierten wie beworbenen Text- oder Programmeinheit oder als einem urheberrechtlich geschützten Rechtsobjekt.«[39] Es ist genau diese Dialektik von Gegenwart und ihrer Archivierung, die sich unter digitalen Auspizien der Informations- und Kommunikationstechnologien noch einmal zuspitzt: »Unser digitales Gedächtnis scheint so flüchtig zu sein, wie es unsere mündliche Kultur war«, weswegen wir

Luciano Floridi zufolge in einer scheinbar »immer währenden Gegenwart leben«, die sich andauernd selbst archiviert und variiert (also zugleich fixiert und zirkuliert).[40]

Dass uns die Omnipräsenz digitaler Spurensicherung nicht immer bewusst ist, und wir dementsprechend auch nur über einen geringen Teil ›unserer‹ Archive verfügen, bestätigt somit die Flüchtigkeit von Medientechnologien selbst (und nicht nur ihrer Inhalte): »Denn ganz offenbar unterliegen die an historischen Umbruchskonstellationen beteiligten Einzelmedien wie die mit ihnen verknüpften Mediensettings – von den Institutionen über die Technologien bis zu den Theorien – selber der Kategorie des Vorübergehenden und Flüchtigen, Fluktuierenden und Oszillierenden, wenn sie einmal jenem *impact* unterworfen sind, der mediengeschichtlich eine neue Epoche ankündigt«.[41] Entsprechende mediale Paradigmenwechsel oder Remediatisierungen lassen sich in besonderer Weise etwa anhand der epochalen Veränderungen der Digitalisierung beobachten.

Ephemerologie 1
Von Vergänglichkeit zu Flüchtigkeit – zwei historische Modelle

Eine der traditionellen Funktionen von Kunst bestand darin, der ephemeren Natur des Menschen etwas entgegenzusetzen. Klassischerweise dient dazu der Bezug auf eine göttliche – und als solche unvergängliche, ewige – Instanz. So schon bei Pindar, der seiner oben zitierten ephemeren Anthropologie vom Menschen als Eintagswesen (*ephēmeros*) und »Traum eines Schattens« unmittelbar diesen Vers folgen lässt: »Aber wenn gottgeschenkter Glanz kommt,/ ruht strahlendes Licht und freundliches Dasein auf den Menschen.«[42]

In der Neuzeit bekommen dann sowohl die Vorstellung von der Vergänglichkeit alles Irdischen wie auch ihre religiösen Gegenrezepte einen gigantischen Auftrieb – und zwar im Zuge ein und derselben medientechnologischen Revolution. Die Erfindung des Buchdrucks Mitte des 15. Jahrhunderts verstärkte spätestens mit dem Aufkommen erster Zeitungen im 17. Jahrhundert ein Gefühl für die Kurzlebigkeit von in immer rascheren Rhythmen wechselnden Neuigkeiten (auch wenn es sich noch nicht um ein Massenphänomen handelte). Zugleich aber findet mithilfe des Buchdrucks zunächst vor allem auch die Ewigkeit von Gottes Wort eine immens zunehmende Verbreitung, in Deutschland spätestens mit der Lutherbibel ab 1522 oder auch dessen massenhaftem Einsatz von Flugschriften.

Die in der Kunst des Barock vorherrschende Auseinandersetzung mit dem Vanitas-Motiv der irdischen Vergänglichkeit ist zwar durchgehend von immer selbstbewussteren Reflexionsprozessen der jeweiligen Kunstformen und Künstler geprägt, verbleibt allerdings noch überwiegend im Bezugsrahmen der tradierten theologischen, metaphysischen oder ästhetischen Ideale. Das beginnt sich erst mit der Epoche der Aufklärung grundlegend zu wandeln, in der das christliche Weltbild – und mit ihm das des absolutistischen Staates und der feudalistischen Ökonomie – ins Wanken gerät und allmählich der Mensch oder der mündige Bürger ins Zentrum der Welterschließung und der politischen wie ökonomischen Selbstbestimmung rückt und damit Gott als absoluten Herrscher und Mittelpunkt der Welt ablöst – wodurch freilich auch das feste Fundament von Wirtschaft, Staat und Welt insgesamt sich zu verflüchtigen beginnt.

Die folgende »Sattelzeit« der Moderne von etwa 1750 bis 1850 ist Reinhart Koselleck zufolge von einer grundlegenden »Verzeitlichung« geprägt[43], die neben der politisch-ökonomischen Ordnung des *ancien régime* auch die bislang als außerzeitlich verstandenen ontologischen Kategorien der alten Theologie und Metaphysik erfasste (etwas, dem wir mit Walter Benjamin als Temporalisierung ontologischer Identität begegnet sind). Deswegen kann Marx am Ende dieser Übergangszeit die vollständige Auflösung der hergebrachten Welt durch den Kapitalismus konstatieren, der er seine historisch-politische Teleologie einer Entwicklung zum Kommunismus entgegensetzt. Und Baudelaire kann zwar die künstlerische Form und damit auch eine metaphysische Hoffnung zitieren, wie sie etwa noch in den Sonetten

Shakespeares aus der Renaissance selbstverständlich war: dass die Vergänglichkeit der irdischen Welt in der »Ewigkeit« der Kunst (oder des Glaubens) aufgehoben wird.[44] Zugleich aber ist diese religiös-ästhetische Ewigkeit längst fraglich – und in diesem Sinn flüchtig – geworden. Denn der historische Moment, in dem diese vormoderne Vorstellung von Vergänglichkeit einer modernen Erfahrung von Flüchtigkeit weicht, ist eben jener, in dem eine statische Ontologie und Metaphysik ewiger religiöser, ästhetischer und politischer Formen sich verzeitlicht und verflüchtigt. Marx reagiert darauf mit seiner Emanzipationsgeschichte hin zum Kommunismus, Baudelaire mit der Konzeption einer progressiven Kunstgeschichte der Moderne.

Auch wenn sie im Begriff des »Ephemeren« leider nicht zwischen der *Vergänglichkeit* des Barock und der *Flüchtigkeit* der Moderne unterscheidet, spricht die französische Kunsthistorikerin Christine Buci-Glucksmann zu Recht von einem »neuen zeitlichen Paradigma« und »einem wahren *Cogito* des Ephemeren, das nach und nach die alten Verhältnisse von Sein und Werden verflüchtigen sollte [volatilisera], wie sie der abendländischen Metaphysik eigen waren«.[45] Nur dass dieser künstlerische Prozess in der Vergänglichkeitsfeier des Barock zwar seine Vorformen gehabt haben mag, aber als echter Denk- und Erkenntnisprozess erst in der Moderne ganz zu sich kommt. Und obwohl auch hier eine genaue Abgrenzung der Begrifflichkeit noch aussteht, lässt sich sagen, dass »spätestens seit dem mittleren 19. Jahrhundert auch diese mögliche Qualität der Kunst, dass sie flüchtig, vergänglich, ephemer sein kann, eigens betont und zuweilen sogar besonders geschätzt wird.«[46] Peter Sloterdijk spricht hier schlicht von einer »Verflüssigungsrevolution«[47], die wir durchaus auch als *Verflüchtigungsrevolution* bezeichnen können.

In der modernen Kunst vollzieht sich eine vom Impressionismus des 19. bis zur Performancekunst des späteren 20. Jahrhunderts[48] reichende Umwertung ästhetischer Flüchtigkeit, weil Experimente mit dem Vergehenden, Labilen und Atmosphärischen zu einem Motor künstlerischer Innovation werden (zum Leidwesen oder zur Provokation der weiterhin hyperaktiven Restauratorïnnen). Und das gilt gerade auch dort, wo Flüchtigkeit nicht immer schon als Teil der künstlerischen Praxis begriffen wurde (wie etwa im Rahmen musikalischer oder theatraler Aufführungen), also auch etwa in der Literatur oder in bildenden Künsten wie der Malerei und dann vor allem der Fotografie und Phonographie (denen die Hauptleistung der Sichtbarmachung und Hörbarmachung des Flüchtigen im 19. Jahrhundert zu attestieren ist) sowie dem Film.

Zudem ist die moderne Auseinandersetzung mit Flüchtigkeit selbst Veränderungen unterworfen. Soziale und kulturelle Umwälzungen ebenso wie mediale Entwicklungen beeinflussen auch die Erfahrungs- und Umgangsweisen mit Flüchtigkeit. In den vorangegangenen Kapiteln sind wir – noch ohne sie dort immer zu benennen oder explizit zu trennen – vor allem zwei unterschiedlichen Umgangs- oder Funktionsweisen von Flüchtigkeit begegnet, die wir nun anhand zweier Modelle beschreiben können: einem linearen Modell, das überwiegend in den Zeitraum der (ersten) industriellen Revolution seit dem späten 18. Jahrhundert fällt; und einem Bewegungsmodell, das vor allem mit der Elektrifizierung der zweiten industriellen Revolution um 1900 einhergeht.

Mit Marx und Baudelaire sind wir einem ersten, linearen Funktionsmodell von Flüchtigkeit begegnet, in dem diese einerseits freigesetzt und andererseits festgehalten oder arretiert wird. Mit den (geistes)geschichtlichen und (medien)technologischen Veränderungen des 19. Jahrhunderts wird Flüchtigkeit nicht nur verstärkt thematisiert, sondern zunehmend auch positiv konnotiert. Das zeigt sich in besonderer Weise in dem Versuch, sie absichtsvoll *freizusetzen* und zur Darstellung zu bringen: Der Industrietheoretiker Marx seziert und zelebriert die Verflüchtigung der alten Ordnung und will die bürgerlich-kapitalistische Revolution in die kommunistische überführen; der urbane Poet Baudelaire spürt den flüchtigen Momenten des Großstadtlebens nach und versucht sie in seinen Gedichten zu verewigen. Die jeweilige Freisetzung wird also durchwegs auch von einem *arretierenden* Impuls begleitet, der sie begrenzt und kontrolliert: So bindet Baudelaire seine Darstellungen der schnelllebigen modernen Großstadt an das Regulativ der Ewigkeit, und Marx richtet seine Beschreibung der alles ›verdampfenden‹ kapitalistischen Transformation am Fluchtpunkt einer dieser entzogenen, kommunistischen Utopie aus.

Für die bildende Kunst beschreibt Baudelaire exemplarisch den Zeitungsillustrator und »Maler des modernen Lebens« Constantin Guys, der die Flüchtigkeiten der urbanen Existenz in scheinbar ebenso flüchtig hingeworfene Zeichnungen und Aquarelle gebannt hat. Zu Lebzeiten Baudelaires (er starb 1867) konnte die Malerei sogar im Hinblick auf solche Momentaufnahmen noch eine gewisse Überlegenheit über die aufkommende Technik der Fotografie beanspruchen[49], die damals noch eine umständliche Ausrüstung, aufwändige Vorbereitung und hohe Belichtungs- und Entwicklungszeiten erforderte, was das Festhalten flüchtiger Augenblicke stark erschwerte. Ein geübter Zeichner hingegen konnte bei minimaler Ausstattung, allein mit Stift und Papier in der Hand, als unauffälliger Beobachter jegliches urbane Treiben und noch die flüchtigste Geste in kürzester Zeit aufs Blatt skizzieren. Die Fotografie wurde erst im Verlauf der zweiten Jahrhunderthälfte mittels kleinerer, tragbarer Apparate sowie einfacherer Belichtungs- und Entwicklungsverfahren tatsächlich zu dem instantanen, spontanen »Schnappschuss«-Medium, als das wir sie bis heute kennen.

In technischer Hinsicht gelingt es einer Fotografie mit kurzer oder sehr kurzer Belichtungszeit, den optischen Widerschein eines noch so flüchtigen Augenblicks vermeintlich unmittelbar auf ein Trägermedium – Metall- oder Glasplatten, Papier oder Zelluloid (heute vor allem digitale Datenträger) – zu überführen, dort zu »fixieren« und somit festzuhalten. Diese Arretierung aber ermöglicht zugleich nicht nur, dass der flüchtige Moment in den Augen seiner Betrachterinnen immer und immer wieder anschaulich und in zuvor ungekannt realistischer Form erlebbar, und seine Flüchtigkeit dadurch freigesetzt wird. Nicht zuletzt durch die zunehmend vereinfachten Reproduktionsverfahren ließ sich dieses Zusammenspiel aus Freisetzung und Arretierung von Flüchtigkeit in serieller Form verwirklichen. Indem die zum Ende des 19. Jahrhunderts einsetzende Massen-Fotografie einen solchen produktiven Umgang mit der Flüchtigkeit der eigenen Lebenswelt für alle maschinell verfügbar machte, stellt sie wohl das instruktivste Beispiel für dieses Stadium der modernen Flüchtigkeitserfahrung und ihre Einbindung in die serielle, industrielle Produktion dar.

Ähnlich wie Marx' politische Utopie und Baudelaires Theorie der Moderne ist also auch die Geschichte der Fotografie Teil der progressiven Dialektik aus Freisetzung und Arretierung und steht damit in Entsprechung zum linearen Fortschrittsdenken, das in der industriellen Moderne seinen Höhepunkt erreicht. Diese Fortschrittsdialektik macht Flüchtigkeit produktiv, indem sie sie in eine lineare Serie überführt, so etwa in den ersten seriellen Fotografien von Eadweard Muybridge oder noch später in den avantgardistischen Fotografien Rodtschenkos, aber auch in der industriellen Produktion am Fließband. Für den frühen Industriekapitalismus insgesamt ist in diesem Zusammenhang bezeichnend, dass er noch ganz mittels eines linearen Produktionsprozesses – vom Rohstoff zum Produkt – operiert, wobei freilich auch hier die Arretierung der (zuvor im Kontext der Rohstoffgewinnung freigesetzten) Materialien im seriellen Produkt nicht von dessen abermaliger Freisetzung als zu verkonsumierende Ware zu trennen ist.

Modell 2, Bewegung: Speicherung und Zirkulation

Wir sind aber auch schon einem zweiten Funktionsmodell von Flüchtigkeit begegnet. Spätestens unter dem Einfluss elektrifizierter Medientechnologien wie Film oder Schallplatte lässt sich ein ebenfalls zweipoliges Bewegungsmodell ableiten, das wir anhand seiner Dialektik von Speicherung und Zirkulation beschreiben können: Wenn etwa auf einer Filmrolle eine Reihe seriell fotografierter Bilder hintereinander angeordnet sind, wird dadurch Flüchtigkeit nicht nur in dieser Bilderserie arretiert, sondern in dem Sinne *gespeichert*, dass vor allem das elektrische Abspielen der Filmspule die Flüchtigkeit der bewegten Bilder und der in ihnen gespeicherten Bewegungen nicht einfach freisetzt, sondern genau genommen *zirkulieren* lässt: vom buchstäblichen Abrollen der Spulen bis hin zu ihrer Verbreitung von Kino zu Kino. (Das Wort »Kino«, kurz für Kinemathek, bezieht sich auf die technische Bezeichnung des Filmens: die Kinematographie – aus griechisch *kínēsis*, »Bewegung«, und *gráphein*, »aufzeichnen«.)

Bereits mit Walter Benjamin haben wir die elektrisch und massenmedial gesteigerte Serialisierung künstlerischer oder kultureller Artefakte nicht als ein bloßes Verschwinden, sondern als eine Verflüchtigung ihrer Aura beschrieben – eben in ihrer Speicherung und Zirkulation. Ein konkretes Beispiel dafür aus der Entstehungszeit von Benjamins Kunstwerkaufsatz ist die Aufnahme von Bachs Cello-Suiten, die der sechzigjährige Pablo Casals ab 1936 im französischen Exil eingespielt hat. Der Legende nach hatte Casals Ende des 19. Jahrhunderts im Alter von dreizehn Jahren die damals weitgehend unbekannten Partituren zufällig bei einem Trödler gefunden und verstand seine spätere Einspielung nach jahrzehntelanger Inkubationszeit auch als einen Akt kulturellen Widerstands gegen das faschistische Franco-Regime. Die flüchtige Aura dieser Werke wie auch des historischen Moments ihrer Aufnahme wurden zunächst auf Schellack gespeichert, später auf Vinyl, Tonband und CD, um nun seit bald einem Jahrhundert unzählige Millionen Male zu zirkulieren (mittlerweile natürlich auch per Stream, dazu aber später mehr).

Ähnlich wie die Filmspule oder das vergleichbar aufgebaute Tonband eignen sich auch Schallplatte und CD mit ihren spiralförmig verlaufenden Rillen und optischen Signalen sowie ihrer drehenden Aufnahme- und Abspielweise als medientechnische Metaphern für dieses *Bewegungs*modell der Speicherung und Zirkulation von Flüchtigkeit. In der Technologie des Speichers ist Flüchtigkeit aufgehoben, wird sie doch in der Form ihrer Speicherung zugleich in einen zirkulären Umlauf gebracht (statt an einem singulären Punkt der *linearen* Chronologie freigesetzt zu werden, wie im Linearitätsmodell). Auch zielt das Speichern nicht auf eine Verewigung des Flüchtigen oder Modischen, sondern im Vergleich zur Arretierung ist die Speicherung selbst ein flüchtiger oder genauer: ein wesentlich flüchtigkeitsaffinerer Vorgang (ohne dass damit im Einzelfall notwendig ein Fortschritt im Umgang mit oder Verständnis von Flüchtigkeit verbunden sein muss).

Selbstverständlich verlaufen die historischen Grenzen zwischen einem linearen und einem Bewegungsmodell von Flüchtigkeit nicht trennscharf und gibt es auch Vorformen der späteren industriellen und elektrifizierten Zirkulation: Denken wir nur an die explosionsartig gestiegene Verbreitung von Druckerzeugnissen seit der Erfindung des Buchdrucks mit beweglichen Lettern im 15. Jahrhundert (der in Bezug auf die täglich produzierbare Seitenzahl sogar einen faktoriell weit größeren Anstieg im Vergleich zur Handschrift bedeutete als dann später die Dampfpresse im Verhältnis zur manuellen Presse[50]) oder auch die Mobilitätsrevolution der sich seit dem 19. Jahrhundert netzartig über die Kontinente ausbreitenden Eisenbahnlinien – Sloterdijk spricht von einer buchstäblichen »Raumverdampfung«[51] (nicht zufällig zeigte dann auch einer der ersten – und bis heute bekanntesten – öffentlich aufgeführten Filme das Einfahren eines Zuges: *L'arrivée d'un train en gare de La Ciotat* der Brüder Lumière aus dem Jahr 1896). Und doch erfahren erst um 1900 die seriell-linearen Produktionsverfahren des Buchdrucks und noch der frühen Industrialisierung eine entscheidende Neuerung: Sie werden selbstbezüglich und rekursiv. Die Rekursion wird damit zum entscheidenden Operator des Bewegungsmodells und lässt sich nun abschließend in ihrem Verhältnis zum das lineare Modell prägenden Prinzip der Serie illustrieren.[52]

Serielle und rekursive Produktion

Im Bereich der industriellen Produktion bedeutet eine Serie zunächst einmal die Fertigung einer Reihe identischer Produkte. Das galt im Grunde bereits für den Buchdruck, erreichte aber seinen Höhepunkt in der internen Serialisierung – also der Zerlegung eines Fertigungsprozesses in viele einzelne, jeweils in sich aus einer identischen »Serie von Bewegungen«[53] bestehende Arbeitsabläufe – mittels derer der amerikanische Ingenieur Frederick Winslow Taylor Ende des 19. Jahrhunderts die Industrieproduktion zu optimieren versuchte. Dieses nach seinem Erfinder auch als Taylorismus bezeichnete Prinzip einer seriellen Arbeitsprozesssteuerung trat freilich erst in seiner Verbindung mit der durch den Autobauer Henry Ford Anfang des 20. Jahrhunderts entwickelten Fließfertigung seinen eigentlichen Siegeszug an (während das Fließband heute – Stichwort *modular assembly station* oder *flexible sequence* – zunehmend unter einem aus Sicht seiner Erfinder kontraintuitiven Flexibilisierungsimperativ steht).

Ford hatte das tayloristische Prinzip einer seriellen Produktion zur Steigerung des Profits durch Senkung der Kosten so durchdrungen, dass er es auch auf seine eigenen Mitarbeiterïnnen ausweitete. Der enorme Effizienzzuwachs der fordistischen Fließbandfertigung ermöglichte es Ford, nicht nur die Preise seiner Automobile drastisch zu senken, sondern zugleich auch die Löhne seiner eigenen Arbeitskräfte so zu erhöhen, dass die einstmaligen Luxusgüter nun auch für sie erschwinglich waren. Indem die Arbeiterïnnen also zugleich auch zu Kunden wurden, stiegen Absatz und Gewinn schließlich in bislang unerreichte Höhen. Und genau diese Öffnung der Serie durch ein Zurückbiegen des linearen Produktionsprozesses auf sich selbst ist es, was die zunehmende Zirkulation eigentlich ermöglicht.

Doch diese rekursive Zirkulation hat noch weitere Aspekte. Der modulare Charakter der fordistischen Produktionsweise ermöglicht es, auch jeden einzelnen Arbeitsschritt rekursiv auf sich selbst zu beziehen, indem etwa bei Defekt nicht das ganze Ding ausgetauscht werden muss, sondern der Ersatz der betroffenen Einzelteile genügt. In der Terminologie des Bewegungsmodells formuliert, erlaubt der Rückbezug auf frühere Elemente zugleich deren Zirkulation. Zugleich bewirkt die Rekursion aber auch eine Speicherung, indem nämlich die Austauschbarkeit der Teile eine längere Funktionsfähigkeit der Produkte gewährt. Gespeichert wird in diesem Fall aber keine *Identität* der Dinge (im Sinne ihrer Integrität und Unveränderlichkeit), sondern ihre *Funktion* als Produkte (gerade unter Ausnutzung ihrer Veränderlichkeit und Austauschbarkeit).

Eine solche rekursive Modularisierung birgt also bereits die Möglichkeit einer Art masseninustriellen Kreislaufwirtschaft. Nur ist dieser Weg bekanntlich kaum beschritten worden. Sein Potenzial zur Profitsteigerung (oder eher einem Ausgleich für Profitschwund) durch den Verkauf von Ersatzteilen kommt vor allem dann zum Tragen, wenn etwa infolge einer Rezession die allgemeine Kaufkraft sinkt, wie es zum Beispiel in der Wirtschaftskrise der 1930er Jahre der Fall war, in der das bisher beständige »Mehr an Produktion« zum ersten Mal an eine deutliche Grenze stieß. Unter den »Normalbedingungen« beständigen Wirtschaftswachstums nach dem zweiten Weltkrieg jedoch sollte sich in der industriellen Produktion schließlich ein anderer Umgang mit Marktsättigung durchsetzen, und zwar die von dem US-Immobilienmakler Bernard London 1932 erstmals beschriebene »geplante Obsoleszenz« – also ein absichtlich herbeigeführtes beschleunigtes Veralten eines Produkts, um dessen Ersetzung zu forcieren –, die im Grunde nichts anderes bedeutet als: planbare Flüchtigkeit.[54] Dass eigentlich immer auch etwas von dem Produzierten verschwinden muss, damit weiter produziert werden kann, führt also – durchaus in Analogie zu Benjamins künstlerischen Objekten – zu einer Verzeitlichung und Verflüchtigung massenindustriell produzierter Dinge (auch wenn »je flüchtiger, desto lukrativer«, wie wir später noch sehen werden, nicht immer nur bedeuten muss, dass die Dinge am besten möglichst schnell, quasi im Sinne einer technischen Seneszenz, wieder kaputtgehen).

Ein ökonomisches Bewegungsmodell der Zirkulation von Kapital hat Anfang des 20. Jahrhunderts übrigens John Maynard Keynes entwickelt. Anders als bei Marx liegt Keynes' Aufmerksamkeit nicht überwiegend auf der industriellen Produktion: Für ihn ist Kapital nicht mehr das Resultat einer mehrfachen Transformation von Material zu Zwischen- und Endprodukten, die dann in den Verkauf gelangen, um konsumiert zu werden – wobei nach diesem Verständnis umso mehr Kapital entstünde, je mehr produziert wird. Bei Keynes dagegen vermehrt das Kapital sich umso stärker, je mehr und schneller es zirkuliert. Er versteht Kapital *in* und *als* Zirkulation, was ihn, wie gesagt, einem Bewegungsmodell von Flüchtigkeit annähert. Inzwischen ist weitgehend anerkannt, dass Keynes' Vorschläge zur expansiven Geld- und Fiskalpolitik die Weltwirtschaftskrise der 1930er Jahre hätten verhindern können – und so womöglich auch ihre verheerenden sozialen und politischen Folgen. Wie die anhaltenden Diskussionen um angebots- oder nachfrageorientierte bzw. Austeritäts- oder Investitionspolitik zeigen, haben Keynes' ökonomische Analysen bis heute vieles an Aktualität behalten – sowohl in der Finanz- und Wirtschaftskrise 2007/8 als auch in der Inflations- und Energiepreiskrise seit 2022.

Und doch wird uns neben den beiden hier skizzierten historischen Modellen für den Umgang mit Flüchtigkeit – einem linearen und einem Bewegungsmodell – im Folgenden vor allem auch die (offene) Frage danach beschäftigen, ob jene fortschreitende Verzeitlichung und Verflüchtigung industrieller Produktion im Zuge der Elektrifizierung – und dann besonders der Digitalisierung – schließlich auch zur Entstehung eines dritten, und zwar eines Zeitmodells, zum Umgang mit Flüchtigkeit führt.

II. TECHNOLOGIE

VON EPHEMEREN FUNKTIONEN UND ANDEREN NEUERUNGEN

07. Austauschbarkeit und Resilienz

Dass Dinge ihre angeblich feste metaphysische Substanz auflösen, ist aus heutiger technologischer Sicht für uns (Software-)leidgeprüfte Nutzerïnnen diverser digitaler (eben nicht mehr isolierter Hard-)Ware ein inzwischen völlig vertrauter Sachverhalt. Epistemologische Probleme von Flüchtigkeit beschränken sich also in der Moderne offensichtlich nicht nur auf den zuvor behandelten Bereich von Ästhetik und Medien. Auch die ihnen zugrundeliegende Technologie hat Anteil an der Verflüchtigung der Dinge wie der Verflüssigung ihrer Identität(en).

Bereits um 1900 verbinden sich verschiedene in diesem Zusammenhang relevante industriegeschichtliche Entwicklungen. Dazu zählen die voranschreitende Elektrifizierung der Produktion auch in kleineren Betrieben, automatisch arbeitende Maschinen und vor allem die Aufteilung der industriell gefertigten Produkte. Diese seriell und rekursiv standardisierten Dinge sind keine in sich geschlossenen und nach außen verschlossenen Monaden, sondern sie werden zunehmend auswechselbar, indem ihre Einzelteile austauschbar werden, ja immer schon masseindustriell produziert vorliegen. Den Soziologen Luc Boltanski und Arnaud Esquerre zufolge wurden zu dieser Zeit »auch die Herstellungsverfahren entwickelt, die den Austausch der verschiedenen Teile, aus denen ein Standardartikel besteht, ermöglichen und folglich seine Reparatur gestatten, wobei das Teil, das sich als fehlerhaft erwiesen hat, durch ein neues Teil ersetzt werden kann. Diese Möglichkeit, die komplexe technische, organisatorische und kaufmännische Probleme aufwirft und innerhalb der Produktionssysteme erst im Laufe des letzten Drittels des 19. Jahrhunderts allmählich zur Verfügung steht – erste Beispiele dafür sind Nähmaschinen und Fahrräder in den Vereinigten Staaten –, gilt häufig als eines der wesentlichen Attribute, dem sich die Entwicklung der Standardform verdankt.«[55] Zugespitzt formuliert: Die Standardisierung ermöglicht, dass die Ersatzteile immer schon zur Hand sind (und auch gut in der Hand liegen, wie die noch früheren Beispiele des Austauschbaus in der Waffenfertigung von Honoré Blanc im 18. sowie Eli Whitney und Samuel Colt im frühen 19. Jahrhundert zeigen).

Erst Jahrzehnte später wird diese Form der Austauschbarkeit und Fähigkeit, Ausfälle einzelner Teile zu verkraften, in den Ingenieurswissenschaften unter dem Stichwort »Resilienz« behandelt, und zwar ausgehend von psychologischen Untersuchungen kindlicher Widerständigkeit angesichts von belastenden Erfahrungen: »*Resilienz* als adaptive, dynamische ›Pufferprozesse‹ psychischer Widerstandsfähigkeit von Kindern gegenüber biologischen, psychologischen und psychosozialen Entwicklungsrisiken«.[56] Mit Blick auf unser Thema formuliert lautet die Einsicht, dass Dinge, um resilient sein und dadurch Bestand haben zu können, eine gewisse Flüchtigkeit benötigen und keinesfalls deren Beseitigung voraussetzen.

Im Kontext der uns inzwischen umgebenden digitalen Dinge tritt nun das intrinsische Verhältnis von Flüchtigkeit und Dauerhaftigkeit in den Fokus, konkret etwa die scheinbar widersprüchliche Notwendigkeit flüchtiger Aspekte im Dienste höherer Widerstandsfähigkeit im Bereich der IT-Sicherheit.[57] Wie können digitale Objekte oder Systeme unter extremem Druck oder in Schocksituationen ihre Kernfunktionen bewahren, um weiterhin zu funktionieren? Denn bei sehr starren Strukturen, in denen alle Knotenpunkte fest verdrahtet und miteinander verbunden sind, reicht mitunter ein kleiner Angriff an einer Stelle aus, um das gesamte System zusammenbrechen zu lassen, im Gegensatz zu flüchtigkeitsaffineren Systemen. Weil sich aber eine Struktur nie zur Gänze wird schützen lassen, stellt sich die Frage, wie einzelne Funktionen so weit zurückzufahren sind, dass die kritischen Kernfunktionen weiterlaufen können.

Hier soll nun also ein (idealerweise wohl kalkuliertes) Maß an Flüchtigkeit im Einzelnen und Kleinen dazu beitragen, dass Verbindungen und Funktionen im Großen und Ganzen erhalten bleiben, indem ihnen Rückzugs- und Bewegungsmöglichkeiten eröffnet werden, wie sie bei fester Verdrahtung unmöglich sind. So funktionieren heute in der Tat zahlreiche kritische Infrastrukturen mittels der Fähigkeit, bei Störungen zahlreiche äußerliche oder Schalenfunktionen temporär aufgeben zu können, um sie sich nach erfolgreicher Schadensbehebung wieder aneignen können. Hier gilt also: Mikroflüchtigkeit statt Makroversagen.

08. Momentanität und soziale Medien

Nach dem 19. Jahrhundert der Industrialisierung mit der durch sie zum Massenprodukt gewordenen Tageszeitung und nach der im 20. Jahrhundert durchgesetzten Elektrifizierung mit ihrem paradigmatischen Massenmedium Fernsehen sind wir seit dem Übergang zum 21. Jahrhundert in das Zeitalter digitaler Medien eingetreten. Die Digitalisierung bedeutet dabei eine weitere Zuspitzung dessen, was wir zuvor bereits als eine Ersetzung von ontologischer durch temporale – und damit eine Verflüchtigung von – Identität verstanden haben. Die von Medien durchdrungene Welt verändert ihre Konsistenz: Die Dinge verlieren ihre ontologische Identität und nehmen eine zeitliche ›Identität‹ an, die wir auch ihre *Momentanität* nennen können. Was aus der Sicht traditioneller Ontologie schlicht einer Auflösung ihrer Identität gleichkommt, ist aus der Zukunftsperspektive digitaler Medien eine entscheidende Einsicht in die flüchtige Identität oder Momentanität von Dingen.

Wenn wir Benjamins Überlegungen zur ästhetischen Reproduzierbarkeit auf unser Zeitalter der digitalen Produzierbarkeit übertragen, dann führt das zu der zunächst kontraintuitiven Hypothese, dass die in ihrer Aura verflüchtigten, medialisierten Dinge erst dann wirklich zu sich selbst kommen, d.h. einen Zustand von Momentanität oder temporaler Identität erreichen, wenn sie absolut flüchtig sind. Benjamin erkannte das in Ansätzen bereits an der Serialität der täglichen Nachrichten. Doch in ihrer digitaltechnologischen Einlösung ist die in Baudelaires Definition moderner Schönheit noch bewusst paradoxe Verbindung von Flüchtigem und Ewigem längst weder paradox noch eigentlich eine Verbindung. In ihrer maximal gesteigerten Flüchtigkeit triggern die digital durchmediatisierten Dinge einen hochpotenten (Re-)Produktionszyklus immer neuer Momentanisierung – und darauf aufbauender Kapitalisierung –, der den Rhythmus der zur Zeit Baudelaires und noch Benjamins dominanten Massenmedien von der noch im wörtlichen Sinn »ephemeren« Tages- oder Halbtagesfrequenz inzwischen in den Mikrosekundenbereich verschoben hat.

Wenn aber in diesem Übergang von ontologischer Identität zu temporaler Momentanität die metaphysische Substanz auch digitaler Gegenstände aufgelöst wird und diese eher mit ihrer Zeit als mit irgendeinem intrinsischen Wesen identisch sind, geht das freilich gerade nicht auf Kosten ihres Werts bzw. ihrer ökonomischen Verwertbarkeit. Denn im Gegensatz zu Dingen mit ontologischer Identität, wie Autos, Kühlschränken oder Fernsehgeräten, die in der Regel nur sehr begrenzt – nämlich genau einmal – in Kapital transformierbar sind, können temporal serialisierte, digitale Dinge wie Software, Videostreams oder Updates im Prinzip unbegrenzt oft veräußert werden und sind daher ebenso flüchtigkeits- wie kapitalaffin. (Dass sie freilich oftmals nicht für Geld veräußert werden, sondern im Austausch für Daten, bestätigt letztlich nur die These.[58])

Illustrieren lässt sich dieses neue Produktionsverhältnis am Beispiel der allgegenwärtigen sozialen Medien, die konzeptionell und technologisch zunehmend auf Flüchtigkeit ausgerichtet sind.[59] Während der Marktführer Facebook mit seiner Mischung aus Bildern, externen Links sowie längeren Videos und Textinhalten vor allem bei ±30-Jährigen beliebt ist, geht die Tendenz unter dem Einfluss neuerer Plattformen wie Snapchat und vor allem TikTok in eine andere Richtung. So ist etwa Snapchats Kernfunktion, hochgeladene Bilder und Videos nach kurzer Zeit automatisch wieder zu löschen, um so die Interaktionsfreudigkeit zu erhöhen, inzwischen in Form von »Stories«, »Fleets« etc. längst von anderen Diensten integriert worden. Die derzeit am schnellsten wachsende und vor allem bei den jüngsten Nutzerïnnen (14-24) beliebte Social-Media-App TikTok hingegen schafft es, mit einem fortlaufenden Feed von Kurzvideos (meist zwischen 15 und 60 Sekunden) viele Nutzerïnnen für mehrere Stunden täglich auf die Plattform zu ziehen. Auch dieses Kurzvideoprinzip wird inzwischen in Form von »Reels« oder »Shorts« von anderen Anbietern genutzt.[60]

Doch dieser eindeutige Trend zu höherer Flüchtigkeit (proportional zu sinkendem Nutzeralter)[61] ist nur die eine Seite des technologisch-ökonomischen Zusammenhangs. Denn die Flüchtigkeit ist ja lediglich das zunehmend effizienteste Mittel, um die Nutzerïnnen möglichst lange auf der jeweiligen Plattform zu halten und dadurch Metadaten über ihr Nutzungsverhalten zu sammeln, die dann wiederum verwendet werden, um ihnen möglichst viel möglichst passgenaue Werbung ausspielen zu können. Der Flüchtigkeit der Inhalte steht also die Beständigkeit der dadurch erzeugten Metadaten gegenüber, deren Verkauf seinerseits die Beständigkeit und Stabilität des hinter der Plattform stehenden Konzerns absichern soll.

Auf der Ebene der medialen Inhalte haben wir es hier tendenziell mit einer reinen Zirkulation zu tun, bei der es nicht mehr um die Speicherung von Inhalten geht. Dazu passt, dass von den Medienkonzernen selbst gar nichts Inhaltliches produziert wird: Ihre Plattformen stellen letztlich nur noch die Märkte zur Verfügung, auf denen die Nutzerïnnen füreinander die Inhalte produzieren und durch die dabei entstehenden Metadaten auch selbst zu Produkten werden, die die Konzerne abschöpfen.[62] Die zunehmende Flüchtigkeit ist in diesem Fall also zugleich Mittel zum Zweck zunehmender Ausbeutung.

09. Updaten

Vor dem Hintergrund der flüchtigen Momentanität des Digitalen lässt sich formulieren: Je stärker Digitales in die Dinge einsickert, umso höher ihre Obsoleszenz. Schon für die industrielle Produktion galt, dass die Auswechselbarkeit von Ersatzteilen prinzipiell zwar die Gebrauchsdauer der Produkte verlängert, faktisch aber zugleich die Versuchung wächst, aus Profitgründen ihren Lebenszyklus zu verkürzen. Diese Paradoxie erreicht ihren Höhepunkt im Prinzip des Updates, das die Identität digitaler Dinge verflüchtigt. Denn in der digitalen Ökonomie sind wir neben der oft beklagten Flüchtigkeit von immer mehr und unmöglich zu verarbeitenden Inhalten zugleich mit in immer schnelleren Rhythmen auszuwechselnder Hard- und Software konfrontiert, die zur Vermeidung ihrer Dysfunktionalität einen konstitutiven Optimierungsbedarf haben. *Updating to Remain the Same* lautet der Titel eines polemischen Buchs der Medientheoretikerin Wendy Chun, und wir können das zunächst auch positiv lesen: dass unsere Gadgets nur in ihren Updates zu sich selbst kommen (auch wenn jede:r Nutzer:in schon einmal die leidvolle Erfahrung gemacht hat, dass eines dieser sei es noch so minimalen und mit dem Ziel etwa ihrer Sicherung getätigten Updates die betreffenden Daten für immer vernichtet hat).

Der Ist-Zustand auch unserer digitalen Werkzeuge wird also immer flüchtiger. Durch ihr permanentes Updaten ermöglicht »Software eine Logik der Permanenz, die Gedächtnis und Speicherung, das Flüchtige mit dem Dauerhaften« zu dem Hybrid eines »dauerhaft Flüchtigen« [enduring ephemeral] verbindet.[63] So bekommt auch die von ihr betriebene Hardware eine zunehmende funktionale Flüchtigkeit: Auch wenn die Bezeichnung noch immer etwas anderes suggeriert, benutzen wir unsere Smartphones oft kaum mehr zum Telefonieren, sondern eher zum Schreiben von Textnachrichten oder E-Mails, zum Fotografieren, Filmen, Musikhören, Spielen oder zur Aufrechterhaltung des beständigen Online-Kommunikationsflusses (Internet, Wetter-App, Social Media etc.). Telefonieren können wir aber dafür heutzutage auch über unser Autolenkrad, das neben der manuellen Fahrspursteuerung auch zahlreiche andere Aktivitäten ermöglicht: Geschwindigkeit erhöhen, Musik wechseln, Fahrwerk kontrollieren oder eben Anrufe tätigen und entgegennehmen – allerdings natürlich nur, wenn man regelmäßig die neuesten Herstellerupdates an seinem smarten Fahrzeug durchführt und dabei die jeweiligen Upgrades erwirbt.

Letztlich ist etwa ein iPhone (oder ein Tesla) nur am Tag seines Launch temporär oder momentan mit sich identisch – und dann immer erst wieder in den Stunden seines jeweils allerneuesten und deswegen (technologisch-unbewusst) herbeigesehnten Updates. Zu allen anderen Zeiten, zwischen ihren Updates, befinden sie sich in einem Zustand des permanenten Verfalls.

Wendy Chun fasst das unter der Bezeichnung »neue Medien« zusammen: »Neue Medien sind, wenn sie neu sind, neu im Sinne von erneuert, noch einmal, aber auf Steroiden, denn sie verlangen beständig nach Aktualisierung. Sie sind neu in dem Maße, in dem sie geupdatet werden. [...] *Neue Medien leben und sterben mit dem Update*: Ende des Updates, Ende des Objekts. Dinge, die nicht mehr geupdatet werden, sind auch nicht mehr in Gebrauch, nicht zu gebrauchen oder vernachlässigt«.[64] Können wir von einer entsprechenden Poetik und Politik der Hard- und Software-Hersteller sprechen (wobei Apple – und Tesla – wegen ihrer engen Verzahnung von beidem hier so passende und erfolgreiche Beispiele sind)? Anstelle der alljährlich oder alle paar Jahre grundlegend erneuerten Modelle von Handys, Autos oder Betriebssystemen rücken unendliche – und immer schneller zirkulierende – Serien von teils kleinsten Updates in den Vordergrund. Die Substanz dieser Mini-Updates ist aber mit dem nächsten Update schon wieder verschwunden. Zentral ist vor allem das ständige Überschreiben selbst, das uns als Upgrade verkauft wird.

Die Zirkulation ständig neuer Updates steht dabei im Gegensatz zur Erfindung und geradezu sakral zelebrierten Einführung neuer Produkte. Die Explosion von Software-Updates bedingt aber nicht nur den rasanten Verfall von Produkten, sondern auch ein Verschwinden aller vorigen Update-Varianten. Zumindest für Laien entzieht jedes neue Update-Update frühere Versionen und Inhalte unserem Zugriff. *Was soll noch einmal der Unterschied gewesen sein zwischen Update 21.3.5 und 18.4.2, in der die Steuerung des Druckers über WLAN doch noch funktionierte?*

Inzwischen ist die Nachfrage für die Wiederherstellung flüchtiger Updatevarianten so hoch, dass große Unternehmen, die ihre eigenen Hervorbringungen nicht mehr verstehen, sogenannte Prozessschürfer (*process miners*) engagieren, um frühere Updates zu rekonstruieren, die durch ihre späteren Versionen verflüchtigt wurden – und zwar ganz im Sinne klassisch chronologischer Flüchtigkeit qua Abdriften der Gegenwart in die Vergangenheit.[65] Wir scheinen es also beim Updaten mit einer Zirkulationsdynamik zu tun zu haben, bei der das Speichern auf der Strecke geblieben ist (oder es zumindest einer eigenen medientheoretisch geschulten Spezialistengruppe für die archivarische Archäologie historischer Dinge bedarf)[66].

10. (Zwischen-)Speichern

Es ist gewiss eine Binsenweisheit, dass die Digitalisierung diverse schon zuvor bekannte Phänomene und Probleme noch einmal zuspitzt. In Bezug auf Flüchtigkeit gilt das in besonderem Maße für die Dialektik der Speicherung: Immer schon ist hier die jeweilige Materialität der Trägermedien (Farbe, Ton, Zelluloid, Silizium, Festplatte, Serverfarm), die zur Speicherung flüchtiger Inhalte herangezogen werden, zugleich auch Katalysator neuer Verflüchtigungstendenzen. Bei digitalen Speichermedien betrifft das die Frage nach ihrem »Gedächtnis« (*memory*): »Der Computer, so hat es John von Neuman auf den Punkt gebracht, ist eine Maschine, die nicht mehr nur über ihren Input und ihren Output, sondern auch durch ihr eigenes Gedächtnis kontrolliert wird.

Bei jeder seiner Operationen greift der Computer auf einen Speicher zurück, in dem Daten und Algorithmen vorgehalten werden, die jeden Rechenschritt des Computers so verändern, dass der Computer nicht mehr vollständig von seinem menschlichen Benutzer kontrolliert werden kann«, schreibt der Soziologe Dirk Baecker mit Blick auf die Rechtschreibüberprüfung von Textverarbeitungsprogrammen oder die rekursive Integration von Internet-Suchergebnissen.[67]

Aber mit welcher Form von Gedächtnis, Archivierung oder Speicher haben wir es bei digitalen Medien zu tun? Medientechnologisch lässt sich sagen, dass wir uns mit der Digitalisierung nicht einfach einmal wieder in der Epoche eines fundamentalen Medienwandels befinden, in der abermals neue Speichermedien auftauchen, die ansonsten flüchtige Phänomene arretieren oder archivieren. Vielmehr erleben wir einen grundlegenden Paradigmenwechsel: Wir sind (nicht zu Unrecht verwirrte) Zeitzeugen dessen, was wie ein Übergang von Speichern zu Zwischenspeichern und Arbeitsspeichern erscheint (von der Festplatte über kurzzeitige RAM-Speicher zum Deponieren in der Cloud). Versteht man unter Kultur ganz basal die Speicherung, Prozessierung und Übertragung von Daten, dann verdeutlicht dies die kulturelle, ökonomische und politische Bedeutung der Veränderung von Speichertechnologien. Der Medienwissenschaftler Wolfgang Ernst sieht darin die »Akzentverschiebung von einer alteuropäischen Speicherfixiertheit der Kultur (Festwertspeicher/ROM, etwa die Architektur der griechisch-römischen Antike und der italienischen Renaissance), bis zur beschleunigten Übertragung, zum permanenten Recycling der Archive. Damit verliert Gedächtnis seinen residenten, emphatischen Charakter und wird zu einer Funktion von Zwischenspeichern. In Europa ist« – und natürlich müsste das eigentlich heißen: *war* – »die historische Authentizität an den konkreten Ort, seine Aura gebunden«[68].

Diese Unterscheidung wiederholt sich, wenn wir die von uns verwendeten Computer betrachten bzw. ausnahmsweise in diese *Black Boxes* oder silbernen Kisten hineinblicken. Wir finden darin sogenannte »permanente« oder »nichtflüchtige« Speicher mit festverdrahteter und unveränderlicher Information ebenso wie »semi-permanente« Speicher, in denen festgehaltene Informationen auch verändert werden können, sowie vollständig »flüchtige« Speicher, deren Daten verloren gehen, sobald der Strom abgeschaltet wird.[69] Beispiel für einen halb-flüchtigen Speicher wäre neben mobilen Datenträgern wie Disketten, CDs oder USB-Sticks etwa die eingebaute Festplatte; die Unterscheidung von flüchtigen und nichtflüchtigen Speichern dagegen entspricht der von ständig wechselndem Arbeitsspeicher RAM (*random access memory*) und nur einmalig beschreibbarem Festwertspeicher ROM (*read only memory*), der vor allem in der frühen Computer-Massenproduktion eine kostengünstige Variante darstellte, aber heute zunehmend durch semi-permanente Flash-Speicher ersetzt wird.

Mit fortschreitender Digitalisierung sind wir also mit ganz neuen Modellen von Archivierung und Speicherung flüchtiger Daten konfrontiert, wie etwa dem »assoziative[n] Speicher (*Cache*)«. Dieser »merkt sich, welche Daten häufig aus dem Speicher geholt werden; als ausschließlicher Zwischenspeicher für Daten vermag er größere Datenmengen vom langsamen

Massenspeicher einzulesen und bei Bedarf an das Anwendungsprogramm mit der wesentlich höheren Geschwindigkeit des Arbeitsspeichers weiterzugeben. Archiv und Speicher bilden fortan kein emphatisches Festwertgedächtnis mehr, sondern eine zeitverzögernde Ausstülpung der Gegenwart«.[70] Daraus resultiert für Wolfgang Ernst folgende Frage: »Ist schon der Moment des Anhaltens ein archivischer? Damit wäre der Archivbegriff vom Dauerhaften auf den vorübergehenden zeitlichen Moment selbst verlagert.«[71] Die grundsätzliche »Flüchtigkeit des elektroarchivischen Gedächtnisses« besteht schließlich darin, dass es »sich in ephemere(n) Ströme(n) schlicht auf[löst]«.[72]

Uns alle betrifft im 21. Jahrhundert der »ephemeren Archive« die Tatsache einer Verflüchtigung des Wissens – oder zumindest der Wissensdisziplinen, deren Prestige sich auf die Wahrung eines kulturellen Gedächtnisses stützt: Nicht nur bibliothekarische Archive, sondern auch akademische Institutionen der Weitergabe und Prozessierung des Archivierten finden sich dabei tendenziell als bloß »nostalgische Orte in einer Medienkultur, die Daten nur noch auf Zeit speichert.«[73]

Auch unter digitalen Voraussetzungen – denken wir etwa an die dezentralisierten Online-Plattformen des Web 3.0 – bedeutet also Verflüchtigung eine Doppelbewegung von Speicherung und Zirkulation. Die Daten müssen zirkulieren, damit das Programm arbeiten kann; damit es arbeiten kann, müssen aber auch Daten gespeichert werden. So hat also der medientechnologische Wandel von Speichern zu Zwischenspeichern auch etwas damit zu tun, dass auf Letzterem die Daten liegen, auf die der Prozessor zurückgreifen muss, um seine datenzirkulierende Funktionalität zu erfüllen. In diesem Punkt unterscheidet sich ein Computer übrigens kaum von einer sich ihrer inhärenten Flüchtigkeit bewussten Universität im Verhältnis zu ihren Archiven. Wir haben es hier erneut mit jener Dialektik von Gegenwart und Archivierung zu tun, die Luciano Floridi zufolge die Flüchtigkeit unserer digitalen Kultur derjenigen unserer mündlichen Kultur gleichen lässt und somit eine sich laufend selbst archivierende, scheinbar »immer währende Gegenwart« hervorbringt[74].

In unserem computerisierten Arbeitsalltag führt die genannte Umstellung von ROM und magnetischen HDD-Festplatten auf SSD-Flash-Speicher oft zu Verlusten unserer lange Zeit gespeicherten Dateien und Archive (wobei freilich die Nichtumstellung meist zu noch massiveren Verlusten führt). Abgesehen davon, dass das natürlich im Einzelfall stets ärgerlich und bisweilen katastrophal ist, müssen wir daraus eine allgemeinere Lehre ziehen: Digitale Archive ermöglichen es nicht (mehr?), Vergängliches zu verewigen oder ansonsten Flüchtiges dauerhaft festzuhalten. Die Digitalisierung zeigt uns, dass die von Archiven traditionell angestrebte oder ihnen aufgebürdete Übersetzung von temporaler Identität in eine ontologische immer schwieriger wird, ja zum Teil gar nicht mehr nötig, produktiv oder auch nur erstrebenswert ist. Problematisch ist das nur, solange wir zwanghaft davon ausgehen, dass unsere Archive eine ontologische und alle Zeiten überdauernde, transhistorische Identität haben müssen. Das Problem löst sich freilich in Luft auf, sobald wir um ihre – und unsere – temporale (und somit flüchtige) Identität wissen und diese als solche annehmen.

Anderenfalls sind negative Erfahrungen vorprogrammiert, wenn wir nämlich auf Dauer stellen wollen, was sich schon aus medientechnischen Gründen nicht mehr der Flüchtigkeit entziehen lässt. Besser als darauf reflexhaft mit Melancholie oder gar trotzigem Ressentiment zu reagieren, ist es, diesen Wandel von ontologischer zu temporaler Identität zu akzeptieren und fruchtbar zu machen. Denn natürlich wird durch die ständige Verwendung diverser Technologien unser Gedächtnis in Bezug auf manche »klassische« Funktionen schlechter (so etwa beim Memorieren von Gedichten, Telefonnummern etc.), doch zugleich wächst im selben Maß die Verfügbarkeit unseres Wissens: Dass wir uns nun vermehrt nur noch daran erinnern müssen, *wo* wir dieses Wissen zwischenzeitlich abgespeichert, also extern zwischengespeichert haben, ist Vertretern der *Extended Cognition Hypothesis* zufolge durchaus auch verbunden mit plastischen Veränderungen unseres Gehirns.[75] Daneben verändert sich, parallel zu unserem medientechnologischen Verständnis von *Memory*, auch unser Selbstverständnis – von einem Zentralbevollmächtigen für Gedächtnisverwaltung zu einem Akrobaten im Dschungel der Erinnerung(en), die in *simultaner Pluripositionalität* (Dominic Brakelmann) besser aufgehoben sind als an einer ganz bestimmten Stelle in unserem Gehirn: »Erinnerungen sind in neuronalen Netzwerken abgebildet, die sich über weite Teile des Gehirns erstrecken«.[76]

Auch auf der (externen) *Content*-Seite erleben wir zwar etwa bei einem Google Doc oder anderen online zirkulierenden Dokumenten, dass mit jeder Korrekturschleife etwas verloren geht. Tatsächlich wird hier aber jeder Überarbeitungsschritt im Versionsverlauf gespeichert, jede beliebige frühere Version ist wiederherstellbar und kann extrapoliert, also separat weiterverwendet und bearbeitet werden. Ähnliche *Repositories* gibt es auch bei Wikipedia, in der Software-Entwicklung und Metadaten-Verwaltung. So führt also die kollektive *Überschreibung* gleichzeitig zu immer neuen Spuren, anhand derer multiple Vergangenheiten zu ebenso zahlreichen neuen Zukünften werden können. Ohne darauf bereits jetzt eine Antwort geben zu können, stoßen wir hier zum ersten Mal auf eine im Folgenden noch öfter auftretende Frage: Was geschieht eigentlich, wenn sich Flüchtigkeit – die in den bislang behandelten Beispielen ein Entgleiten (einst) gegenwärtiger Phänomene in die Vergangenheit betraf – nun auch auf die Zukunft bezieht? Und was verrät uns das über die Unvorhersehbarkeit der Zukunft wie auch der Vergangenheit?

11. Vom Speicher zur Datenwolke

Jenseits immer neuer Computergenerationen mit rasant verbesserten Prozessoren und veränderten Speichertechnologien ist das Thema Flüchtigkeit auch zentral für ein genaueres Verständnis dessen, was unsere Computer miteinander vernetzt und verbindet: das Internet. Seine komplexer werdenden Strukturen (*Filesharing*, *Cloud Computing* etc.) machen immer deutlicher, dass unsere verbreitete Vorstellung vom Internet als einem gigantischen, ewigen Datenspeicher, innerhalb dessen unsere Kommunikation stattfindet, unzureichend ist. Nicht nur unsere Kommunikationsstrukturen verändern sich *online*, sondern auch die Funktionsweise des Mediums selbst, wie die Kulturwissenschaftlerin Mercedes Bunz es bereits in den Nullerjahren beschrieben hat: Während etwa noch eine »E-Mail gespeicherte Daten sicher von einem Ort zum anderen sendet, werden die Daten einer Website vom Server zum User übertragen, dort aber nur flüchtig gespeichert. Von sicher zu flüchtig – Speichern im WWW dient hier nicht mehr der sicheren Aufbewahrung, sondern der vorübergehenden Darstellung von Daten. Diese Flüchtigkeit der Datenaufbewahrung potenziert sich nun bei Filesharing-Netzwerken um ein Weiteres. [...] Diese Dynamik führt dazu, dass die Sicherung von Information auf eine besondere Art und Weise betrieben werden muss: durch ihre Verteilung«[77] – das heißt mittels einer technologisch avancierten Variante der im Umgang mit Flüchtigkeit kulturell eingeübten Zirkulation.

Die Flüchtigkeit der Datenaufbewahrung in dynamischen Netzwerken erübrigt eine starre Fixierung von Inhalten und Informationen an festen Orten. Gerade im Zusammenhang einer ständigen Verfügbarkeit von Daten spielt deren breite Verteilung eine zentrale Rolle (wenngleich die Bewahrung und Tradierung von Wissen und Information möglicherweise immer schon auf gewisse Logiken der Zirkulation und Dispersion angewiesen gewesen war, die nunmehr im Digitalzeitalter gehäuft und beschleunigt vorkommen): »Je mehr sich ein Datensatz an den verschiedensten Knotenpunkten im Netzwerk wiederholt, je verbreiteter er im Netzwerk ist, desto wahrscheinlicher ist seine konstante Präsenz. Das neue Medium verschiebt also den medialen Modus operandi: Die Verfügbarkeit von Daten wird nicht mehr durch Speichern, sondern durch ihre Verteilung gesichert. Tatsächlich ist das Internet, wie man später sehen wird, von Beginn an kein Speichermedium gewesen.«[78] Wie wir schon am Phänomen des Update gesehen haben, zeichnet sich die Digitalisierung dadurch aus, dass sie in Bezug auf das nach 1900 dominante Bewegungsmodell von Flüchtigkeit die Zirkulation zunehmend von der Speicherung abkoppelt und dadurch möglicherweise die bisherige dyadische Struktur zugunsten einer Art reinen Flüchtigkeit aufgibt.

Mit dem sogenannten Internet der Dinge, also einer vollständig digital vernetzten Lebenswelt, und den durch seine Sensoren produzierten gigantischen Datenmengen nimmt diese Entwicklung nun noch einmal neue Ausmaße an. Was das Internet der Dinge sammelt und verarbeitet, sind beständig fluktuierende Zustandsdaten und Momentaufnahmen, die aufgrund ihrer schieren Menge überhaupt nicht mehr zentral gespeichert werden können (das sogenannte *Cloud Computing* verflüchtigt sich hierbei metaphorisch noch weiter zu einem *Fog Computing*). Im Vordergrund stehen Echtzeitdaten für eine Echtzeitsteuerung, wobei sowohl die Daten als auch die Steuerungsimpulse von einem Moment auf den anderen wieder verschwinden können und sogar sollen. Dahinter steckt die Idee eines damit verbundenen, permanenten rekursiven Optimierungsprozesses, indem die involvierten Algorithmen mit jedem noch so kleinen Nano-Steuerungszyklus immer informierter, raffinierter und folglich – so die Idee – besser werden.

Dieser neuen Art der Datenverarbeitung entspricht die Tatsache, dass die zugehörigen Rechenzentren längst nicht mehr die Speichertempel sind, die sie früher einmal waren, in denen Information langfristig archiviert wurde. Beobachtern wie dem Digitalexperten Dimitrij Naumov zufolge gleichen sie heute eher riesigen Computerplattformen, die flüchtige Strukturen hosten, so wie es etwa die Rechenzentren von Amazon, Netflix, Spotify und anderen Streaming-Anbietern tun, die in erster Linie die Funktion haben, eine temporäre Cloud aufzuspannen, in der Flüchtigkeit dominiert.[79] Damit ist die alte Einheit (oder Vereinigung) von Rechenzentrum und Datencenter – zumindest tendenziell – aufgehoben. Gewiss gibt es bisweilen noch gesetzliche Verpflichtungen, bestimmte erhobene oder verarbeitete Daten für einige Jahre aufzubewahren, keinesfalls aber soll dies in jedem Fall für einen unendlichen oder auch nur unbestimmt langen Zeitraum geschehen. Was danach mit diesen Daten passiert, wohin sie anschließend verschwinden, das ist – trotz aller Bemühungen – kaum jemals oder jemandem wirklich klar.

Ganz konkret und auf Seiten der Hardware großer Firmen schlagen sich die hier benannten Veränderungen in einer zunehmenden Trennung von Rechenleistung und Speicher nieder (von *Processing Power* und *Memory*). Grob gesagt waren in früheren Informationstechnologien Speicher und Prozessoren miteinander gekoppelt, und zwar sowohl in jedem Computer als auch in großen Rechenzentren mit ihren Maschinen voller Prozessoren und Speicherplatten. Mit der Einführung von Clouds – also externen Datenspeichern, ohne die weder unsere tagtäglichen sozialen Medien noch unsere allabendlichen Streamings möglich wären – beginnen sich die beiden Bereiche zu trennen oder zumindest als getrennt verstehbar zu werden (und damit übrigens auch weiter von den Endgeräten zu differenzieren): Rechenzentren haben nicht mehr die Funktion, Daten zu speichern, sondern allein, Prozessoren zu betreiben, die dann wiederum temporäre Clouds aufspannen. Dies kann auch als Entmaterialisierung der Speicher verstanden werden, als ihre Entkoppelung von der Materialität der Rechenzentren.

Darüber hinaus aber trennen sich wie gesagt nicht nur Prozessoren von Speichern, sondern beide auch zunehmend von den Ausgabegeräten. Während ich nämlich diese Zeilen auf einem Laptop mit relativ geringer Leistung tippe, werden zahllose Rechenvorgänge und Software-Anwendungen auf externe Prozessoren ausgelagert und die meisten meiner Daten und Dateien in einer Cloud gespeichert, die sich de facto aber nicht in den Wolken, sondern eher unter kaltem bzw. kühlendem Wasser in der Arktis befindet. Zudem müssen es nicht dieselben Rechenzentren sein, die externes *processing* und cloudgehostetes *memory* betreiben, sie müssen sich nicht im gleichen Land oder Kontinent befinden, vor allem aber auch nicht auf meinem Endgerät, auf dessen Bildschirm ich mir das klarmache, und über das ich von überall aus wieder korrigierend auf diese Zeilen zugreifen kann, falls mein so nebenher eigentlich für den Tech-Konzern Cisco arbeitender Verleger Tom Lamberty mir zu diesen Themen ein Update gibt. Mein Ausspielgerät fungiert somit als Stabilitätsfaktor, indem es über die Illusion einer konkreten Verortung auch seine eigene Wichtigkeit vorgaukelt, so als ob eigentlich mein Bildschirm – und nicht vielmehr Daten und deren ortsferne Verarbeitung – im Vordergrund stünde. Dass das vom Informatiker Mark Weiser so genannte *ubiquitous computing* in den Dingen verschwindet, bestätigt noch einmal seinen prophetischen Aufsatz von 1991: »Die tiefgreifendsten Technologien sind diejenigen, die verschwinden. Sie verflechten sich mit dem

Gewebe des täglichen Lebens, bis sie nicht mehr von ihm zu unterscheiden sind.«[80]

Wie tief diese Prozesse in unser Leben eingreifen, zeigt sich etwa am bereits erwähnten Beispiel der Streaming-Medien, in dem an die Stelle des permanenten Besitzens von Filmen, Musik oder Büchern jeweils flüchtige Alternativen treten (Netflix, Spotify, Prime Reading etc.). Und wozu sollten wir diese im Zuge ihrer Digitalisierung ohnehin schon verflüchtigten Medien auch dauerhaft besitzen, die sich allesamt nur noch auf unseren Endgeräten ›materialisieren‹ oder kurzfristig territorialisieren, während sich die entsprechenden Speicher und Rechenzentren – mit den Philosophen Gilles Deleuze und Félix Guattari gesprochen – »deterritorialisieren«[81], also etwa in die Arktis oder in die Tiefsee zurückziehen, wo ihre Kühlung einfacher ist, sie aber für uns kaum mehr greifbar sind.

In Analogie zu diesen neuen Rechnerarchitekturen ändern sich – um im Bild zu bleiben – auch die entsprechenden Unternehmensarchitekturen. Vielleicht erinnern wir uns noch an Bilder aus den ersten Jahrzehnten großer IT-Unternehmen, mit riesigen Kellern voller Serverschränken, in denen sowohl die jeweiligen Anwendungen betrieben als auch sämtliche zugehörigen Daten gespeichert und aufgehoben wurden. Im Kontrast dazu tun sich im Zuge der Auflösung dieser Nähe von Prozessor und Speicher vor allem große Traditionsunternehmen bis heute schwer mit der neuen Cloud-Mentalität, in der ein Großteil der Hardware und Infrastruktur verschwindet – inklusive Verflüchtigung der Funktion etablierter Büroarchitekturen oder ganzer Bürotürme, die ›in der Cloud‹ nicht mehr benötigt werden – und stattdessen einfach nur Daten irgendwo durchrauschen wie bei Netflix, Zoom und Co.

Was ihre Flüchtigkeit angeht, setzt die *Streaming Economy* ältere Entwicklungen der Digitalisierung fort und reiht sich ein in verwandte Phänomene der *Sharing Economy*, in der etwa auch Autos längst zunehmend nicht mehr besessen, sondern uns – Stichwort: *Mieten statt Kaufen* – durch Anbieter wie Share Now oder Miles temporär zur flüchtigen Verfügung gestellt werden.

Ephemerologie 2
(K)ein drittes Modell

Eine einstweilen offene Frage lautet, ob sich in Analogie zu unseren bisherigen Modellen – einem mit den medientechnologischen Innovationen von Buchdruck, -presse und Fotografie korrespondierenden Linearitätsmodell und einem auf Elektrifizierung und mit ihr verbundenen Speicherungsmöglichkeiten beruhenden Bewegungsmodell – auch ein mit der Digitalisierung verknüpftes drittes Modell ausmachen lässt. Zur Erinnerung: als Flüchtigkeitsmodelle haben wir entsprechende Funktionsweisen, aber auch Umgangs- und Verstehensweisen in Bezug auf Flüchtigkeit verstanden, die mit jeweils zwei Polen (im Linearitätsmodell: Arretierung und Freisetzung, im Bewegungsmodell: Speicherung und Zirkulation) sowie einem zentralen Operator agieren (Serialisierung bzw. Rekursion).

Ein Hinweis auf die Gestalt eines dritten Modells lässt sich aus unserer ursprünglichen These ableiten, wonach Flüchtigkeit – und somit auch ihre unterschiedlichen Funktionsmodelle – ein exemplarisches Phänomen der im 19. Jahrhundert (in der westlichen Welt) einsetzenden Verzeitlichung ontologischer Kategorien darstellt. Diese zunehmende temporale Verflüchtigung übersetzt scheinbar feststehende oder ontologisch fixierte Kategorien in zunächst lineare (und in diesem Sinne noch stärker räumlich gedachte) Serien und im 20. Jahrhundert dann in zunehmend bewegte Rekursionen. Darauf aufbauend ließe sich nun ein voll temporalisiertes oder reines Zeitmodell von Flüchtigkeit projizieren, das sich mit der im 21. Jahrhundert weitgehend entfalteten Digitalisierung durchsetzt (sowie mit ihrer fortlaufenden Auflösung fester Speicher in eine permanente Fluktuation von Information – wobei die dahinter verborgene ›Speicherung‹ in Form rigider Copyrightgesetze hier nicht vergessen werden sollte).

Wenn sich aber ein drittes Funktionsmodell überhaupt extrapolieren lässt, stellt sich zunächst einmal die Frage, ob ein solches rein zeitliches Modell noch nach dem Muster der beiden anderen eine dyadische oder bipolare Struktur aufweisen kann, die dort den positiven (freisetzenden, zirkulierenden) Umgangsweisen mit Flüchtigkeit jeweils einen negativen (arretierenden, speichernden) Pol gegenüberstellte, was einer vollen Verzeitlichung der Flüchtigkeit im Wege stand. (Und freilich legt diese bisherige dyadische Struktur sogleich auch die Frage nahe, ob eine demgegenüber vereinseitigte und verabsolutierte zeitliche Flüchtigkeit eigentlich erstrebenswert oder wirklich lebbar ist.) Dass es trotzdem angezeigt ist, ein drittes Modell in Betracht zu ziehen, ergibt sich aus einigen Beobachtungen und Flüchtigkeitsphänomenen des vorangegangenen Kapitels, die sich nicht mehr anhand der bisherigen Modelle beschreiben lassen.

Nehmen wir also noch einmal das Beispiel des Updates auf und vergleichen wir es mit der zuvor diskutierten linearen Serialisierung der frühen Industrieproduktion bzw. ihrem zirkulären In-Bewegung-Setzen im Fordismus. Dabei fällt sofort ein gravierender Unterschied ins Auge, der die Identität oder Funktionalität der jeweils produzierten Objekte betrifft. Was digitale Updates gegenüber einer Auswechslung etwa mechanischer Teile auszeichnet, ist der kategorische Anspruch auf apermanente und behauptete

Verbesserung qua Upgrades. Davon unterscheiden sich Ersatzteile, die üblicherweise lediglich die ursprüngliche Funktion eines Produkts wiederherstellen sollen. Selbstverständlich war es immer schon eine Lieblingsbeschäftigung etwa von Motorrad- oder Autonarren, ihre Fahrgeräte mittels Ersetzung einzelner Teile zu optimieren (von außen am sichtbarsten durch die Luftströmung verändernde Spoiler oder durch spezielle Stoßdämpfer zur Tieferlegung des Fahrgestells). Aber trotz dieser oftmals auffälligen oder lautstarken Interventionen (immer noch beliebt etwa entsprechende Auspuffanlagen) betrifft dies letztlich nur eine sehr geringe Zahl an Tüftlern und Bastlern, die sich zudem häufig mit dem Zweifel konfrontiert sehen, ob es sich bei ihren bisweilen an der Grenze der Legalität operierenden Modifikationen (besonders weit verbreitet unter Jugendlichen war hier einst die Hubraumaufbohrung bei Mopeds) tatsächlich um Verbesserungen handelt.

Im Kontext dieser Ideen des Ersetzens und Reparierens sowie des Aufrüstens und Upgradens ist das Konzept des Aktualisierens und Updatens zu untersuchen. Von Unternehmensseite als Zwangsverbesserungen ausnahmslos allen Nutzern verordnet, droht bei Nichtinstallation von Updates der Funktionsverlust der jeweiligen Hardware. Entsprechend verfolgen sie keine Logik der Wiederherstellung einer ursprünglichen Funktion von Geräten, sondern bezwecken über eine bloße Verbesserung oder Optimierung hinaus bisweilen auch grundlegende Veränderungen. Ein Beispiel dafür sind die erwähnten Software-Pakete, die ich als regelmäßigen Service für mein Auto bekomme und die mein Lenkrad mit völlig neuen Funktionen ausstatten. Wohin die Tendenz geht, wird allerdings noch deutlicher an unserem zweiten Beispiel der Smartphone-Updates. Denn während ich mein Lenkrad auch ohne Update weiterhin allein zum Lenken verwenden kann – zumindest solange ich nicht (wahlweise natürlich auch über eine Lenkrad-Applikation) die Autosoftware zum aktiven Mitlenken auffordere –, führt die Upgrade-Verweigerung bei meinem Smartphone zum Verlust von dessen *smartness* insgesamt.

Ohne Flüchtigkeit keine Smartheit, so könnte das Motto hier lauten. Ohne Update kann ich mit meinem *phone* dann zwar immerhin noch telefonieren und eventuell auch schneckenartig im eigenen Uralt-WLAN surfen. Letztlich droht aber mit der Verweigerung von Flüchtigkeit qua flüchtiger Updates etwas verloren zu gehen, was Richard Buckminster Fuller bereits 1938 im Zusammenhang mit der zunehmenden »Ephemerisierung« moderner Technologie konstatierte: ihre Vernetzungsfähigkeit und Multifunktionalität (zusammen mit Beschleunigung und Entmaterialisierung).[82] Oder anders formuliert: Im Gegensatz zu dem paradigmatischen Industrieprodukt des Fordismus – dem ganz in Entsprechung zum Bewegungsmodell von Flüchtigkeit der individuellen Fortbewegung und Zirkulation dienenden Automobil –, hat ein heutiges Smart*phone* seinem irreführenden Namen zum Trotz letztlich überhaupt keine einmalige oder feste Funktion (und schon gar nicht als *phone*). Stattdessen operiert es mit diversen Applikationen und miteinander verbundenen Funktionen.

Da ein Smartphone also keine ›eigentliche‹ Funktion hat, kann es diese streng genommen auch nicht verlieren. Was es allerdings verlieren kann, sind wie gesagt seine Vernetzungsfähigkeiten, seine durch die Ephemerisierung der Updates garantierte Netzwerkkompatibilität, die ihm seine Vielzahl an multiplen Funktionen überhaupt erst ermöglicht. Hören wir auf, unsere smarten Telefone auf den neuesten Stand oder das aktuelle Datum (*up to date*) zu bringen, dann verlieren sie ihre flüchtigen i-Funktionen und sind bald nur – oder nicht einmal – mehr zu einer Sache gut: zum Telefonieren. (Es ist allerdings bemerkenswert zu beobachten, dass der von Kritikern gegeißelte Kultwert, den neue iPhone-Modelle für Apple-Anhänger haben, sich dabei kaum von der auratischen Verehrung solcher quasi entflüchtigten Telefone unterscheidet, wie sie von geltungsbewussten Fortschrittsverweigerern etwa Geräten wie dem aufgrund seiner Form und Haptik auch liebevoll »Knochen« genannten Nokia 3310 entgegengebracht wird).

Wohin auch immer die weitere Entwicklung dieser industrie-technologischen Flüchtigkeit geht, auf keinen Fall darf sie mit einer einseitigen Verflüchtigung verwechselt werden (wie es ideologische Konzepte oder Metaphern wie die *Cloud* oder neuerdings das *Metaverse* suggerieren). Bislang gibt es keine handfesten Beweise für eine solche mit der von Fuller beschriebenen Ephemerisierung einhergehende »Entmaterialisierung«, die bedeuten würde, dass gleichzeitig der sozioökonomische wie auch der »ökologische Rucksack« dieser Entwicklung nicht zu groß wird.[83] Auch im Zuge der Digitalisierung bleiben freilich materielle und ›schmutzige‹ Aspekte weiterhin relevant, auch wenn sie uns – keineswegs zufällig – weniger vor Augen stehen: von neokolonialer Ausbeutung von Ressourcen (und Arbeitskräften) in der afrikanischen Peripherie über die industrielle Produktion in der (inzwischen hauptsächlich asiatischen) Semiperipherie bis hin zum sanften Zwang in der nördlichen Hemisphäre, trotz all ihrer *Updatability* auch ständig neue Geräte zu kaufen. Ja, fast könnte der Verdacht aufkommen – und sich in Abwandlung von Marx' Formulierung so zuspitzen lassen –, dass der Kapitalismus heute dazu tendiert, alles Flüchtige, ›Verdampfte‹, auch wieder zu Festem zu kristallisieren: eine sich zu verabsolutieren drohende, radikale Flüchtigkeit industrieökonomisch gefügig zu halten.

Damit sind wir also wieder bei unserer Ausgangsfrage nach einem dritten Modell reiner oder rein zeitlicher Flüchtigkeit angelangt, zu dem sich einerseits auf der Ebene der Technologie klare Tendenzen ausmachen lassen, dem aber andererseits auch materielle und gesamtwirtschaftliche Aspekte entgegenstehen. Denn so sehr sich etwa das Updaten durch *Soft*ware als ein Auf-Dauer-Stellen von Flüchtigkeit verstehen lässt, handelt es sich dabei doch immer noch um eine Veränderung von *Hard*ware – harten Waren, mit deren Verkauf der digitale Kapitalismus weiterhin einen großen Teil seiner Profite erwirtschaftet (zumindest im Luxusbereich, wenngleich die Wertschöpfung vermehrt auch durch zugehörige Dienstleistungen, Zugangsmöglichkeiten und Upgrades smarter Funktionsintegrationen geschieht).

III. ÖKONOMIE
FLÜCHTIGKEITSPROFITEURE UND NEUE MODELLE EPHEMEREN WIRTSCHAFTENS

12. Nach der Standardisierung

Auch auf ökonomischem Terrain spielen Fragen nach Speichern und Archivieren eine wichtige Rolle. Denn nur was einen – wenn auch noch so kleinen – Wert hat, ist es auch wert, aufgehoben und weitertradiert zu werden. Doch wie wir alle wissen, gilt das in einer industriellen Überflussgesellschaft nur für die allerwenigsten Dinge. Die überwältigende Mehrheit an produzierten Objekten hingegen landet nicht allzu lange, nachdem sie ihre Produktionsstätten verlassen haben, wieder auf dem Müll. Dauer und Wert von immer mehr und unüberschaubar vielen Produkten sind flüchtig, und immer weiter verstärkt sich dabei eine Spirallogik, der zufolge immer mehr und immer schneller produziert werden muss, damit sich immer kleinere Gewinnmargen immer höher aufsummieren können. Eine der Fähigkeiten des Kapitalismus besteht darin, die Flüchtigkeit seiner Profite (wird ein Ding nur einmal produziert, um dann für immer zu halten, kann man es auch nur einmal verkaufen) auf die Dinge auszulagern und diese dadurch profitabel zu verflüchtigen (je schneller ein Ding wieder verschwindet, desto schneller kann man ein neues Ding verkaufen) sowie ihre Verflüchtigung in der seriellen Standardform auf Dauer zu stellen.

Neben der geplanten Obsoleszenz und der Verstetigung der Flüchtigkeit von Industrieprodukten haben wir kurz auch die Serialisierung von Ersatzteilen berührt, die sich in einen aufschlussreichen Kontrast zum Prinzip des Updates setzen lässt. Während bei klassischen Industrieprodukten wie Autos oder Waschmaschinen der Verkauf von Ersatzteilen dazu dient, die ursprüngliche Funktionalität des Produkts zu erhalten und in Zeiten von wirtschaftlichen Flauten und geringem Wachstum die Profite zu stabilisieren, bezweckt die Installation von Updates eine permanente Anpassung an flüchtige Funktionalitäten von digitalen Geräten, deren vielleicht prominentestes oder zumindest paradigmatisches Beispiel, Apples iPhone, gleich vollständig ohne Ersatzteile auskommen muss. Apple gelingt damit seit Jahr und Tag das Kunststück, die tendenziell absolute Flüchtigkeit der digitalen Ökonomie mit der geplanten Obsoleszenz klassischer Industrieproduktion zu verschmelzen: Die Updates optimieren das Altgerät gerade so lang, bis im nächsten oder übernächsten Jahr, auf jeden Fall in absehbarer Zeit, ein Nachfolgemodell sich als nahezu unverzichtbar darstellen wird. (Auch die Einbettung ihrer Geräte in ganze Gebrauchsketten und Funktionszusammenhänge von Phone über Notebook und Pad bis Watch und Earpods beherrscht Apple bekanntlich meisterhaft.)

Luc Boltanski und Arnaud Esquerre haben vor dem Hintergrund unterschiedlicher Probleme und Sackgassen des klassischen Industriemodells noch weitere Strategien untersucht, der damit verbundenen, fortgesetzten Verflüchtigung von Profiten und dem Verfall von Preis, Wert und Dingen zu entgehen. Dazu kontrastieren sie die industrielle Produktion mit dem, was sie die Ökonomie der »Bereicherung« bzw. »Anreicherung« (*enrichissement*) nennen: »In diesem Zusammenhang sei daran erinnert, dass der Ausdruck ›Bereicherung‹ nicht nur als Hinweis darauf zu verstehen ist, dass die Dinge, auf die sich diese Ökonomie stützt, insbesondere für die Reichen bestimmt sind, sondern – im Sinne von ›Anreicherung‹ – auch Operationen bezeichnet, durch die die betreffenden Dinge an Wert gewinnen und ihr Preis steigt.«[84] Besonders für die in den vergangenen Jahrzehnten mit einer massiven Deindustrialisierung konfrontierten westeuropäischen Länder ist eine entsprechende Neuorientierung auf den Gegenpol zur Flüchtigkeit serieller Standardisierung zu beobachten: und zwar die Vermarktung von bewährte Tradition versprechenden oder zumindest Dauer evozierenden Luxusgütern – in der Mode, im Tourismus, in der Kulinarik. Im Zuge dieser Bereicherungsökonomie »sind Wertschöpfungsformen in das lange von der Manufaktur beherrschte Zentrum der Wirtschaftsaktivität gerückt, die bis dahin marginal gewesen waren. So gab es zum Beispiel zwar eine Tourismus- oder eine Luxusökonomie, doch hatten diese Ökonomien nicht zuletzt deshalb bei weitem nicht die Bedeutung, die sie später erlangen sollten, weil ihr Interessentenkreis sehr viel kleiner war und über stärkere lokale Wurzeln verfügte.«[85]

Ganz im Gegensatz zur seriellen Massenproduktion geht es bei der Wertschöpfung durch Bereicherung um die – selbstverständlich nur scheinbare – Einzigartigkeit und Knappheit einzelner Güter, etwa von vermeintlich unverwechselbaren Prada-Taschen (mit dem über mehrere Generationen angesammelten lokalen Know-how der Herstellerfamilie), von unvergleichlichen Berghüttenerlebnissen (vergleichbar einzig mit dem romantisierten Leben der autochthonen Einheimischen) oder geografisch singulär verortetem Schaumwein (nur aus der Champagne!). Für das illusorische Versprechen jeglicher Flüchtigkeit enthobener Luxusgüter, deren oftmals halbseidenen Geschichten wir nur allzu gerne Glauben schenken wollen, sind wir dann auch bereit, im Vergleich zu Massenware ungleich höhere Summen, ja bisweilen gar astronomische Beträge zu bezahlen. Kein Preis scheint hoch genug, um uns von der Flüchtigkeit unserer Erlebnisse (wie unserer selbst?) abzulenken. Oder bedürfen Dinge und Erlebnisse eher deshalb möglichst hoher Preise, damit wir ihre Flüchtigkeit erst wirklich wertzuschätzen vermögen?

Selbst wenn aufgrund der weltweit kontinuierlich wachsenden Zahl von Millionär'innen (bei gleichzeitig rasant steigender Einkommens- und Vermögensungleichheit) die Luxus- und Bereicherungsindustrie zuletzt auch während der Corona- sowie der Ukrainekrise stetig neue Höhen erklomm, droht auch der Markt für Luxusgüter irgendwann gesättigt zu sein. Doch stehen, wie es scheint, stets neue Flüchtigkeitsökonomien und deren Profiteure in den Startlöchern.

13. Profitabilisierungen

Auch auf ökonomischem Terrain lassen sich also zwei Pole des Umgangs mit Flüchtigkeit beobachten, die jeweils unterschiedlichen historischen Konjunkturen unterliegen: zum einen ein progressives Herangehen, aus der Verflüchtigung Profit zu ziehen und sie daher gegebenenfalls auch zu verstärken und auszuweiten; zum anderen der konservative Versuch, bisher der Flüchtigkeit Entzogenes auch weiterhin vor ihr zu bewahren und im Idealfall sogar bereits Verflüchtigtes wieder mit temporalem Ballast oder Dauer auszustatten. Entsprechend etwa der von Deleuze und Guattari beschriebenen Dynamik von De- und Reterritorialisierung handelt es sich auch bei Verflüchtigungs- und Entflüchtigungsprozessen aus ökonomischer Sicht um stets miteinander verbundene Vorgänge, von denen sich bei aller wechselnden Dominanz der einen über die andere Seite niemals nur eine allein vollständig durchsetzen kann. Sowohl die Freisetzung und Zirkulation als auch die Begrenzung und Arretierung von Flüchtigkeit können profitabel gemacht werden, manchmal auch beide Seiten gleichzeitig.

Von daher stoßen wir im ökonomischen Bereich faktisch auf ein ganzes Spektrum an Umgangsweisen mit Flüchtigkeit, von ihrer absichtlichen Herbeiführung über ihre Verstetigung bis hin zu ihrer Einhegung und Abwehr. Für jede neue Verflüchtigungstechnologie wird irgendwann auch eine Gegenstrategie und Entflüchtigungspraktik entwickelt: Der industriellen Massenproduktion in Standardform tritt die Bereicherungsökonomie der Luxusgüter gegenüber, auf die fortgesetzte Digitalisierung und Cloudifizierung von Medien reagiert Software, mit deren Hilfe streambare Musik auf andere Plattformen übertragen oder sogar auch wieder auf CD gebrannt und damit der fortgesetzten Flüchtigkeit bloßen Zwischenspeicherns entzogen werden kann.

Wie zuvor schon im Laufe des Industriezeitalters mit seiner seriellen Produktion, kann auch im Zuge der Digitalisierung wieder ein Wert- oder Bedeutungsverlust produzierter Güter konstatiert werden. Es gilt heute weder als ausgemacht, dass der Besitz von Dingen überhaupt erstrebenswert ist oder gar als primäres

Statussymbol taugt, noch dass er ein wesentliches Kennzeichen bürgerlichen Wohlstands oder Wohlbefindens darstellt. Mindestens ebenso relevant ist es, Eigentum (mobil wie immobil) einer Vermietungs- und Sharing-Ökonomie zuzuführen und auch selbst an dieser teilzunehmen. Zu beobachten ist also eine Flexibilisierung des Vermögens, die statt auf das Horten von Dingen eher auf deren Profitabilitätspotenziale setzt und diese produktiv zu machen versteht.

Wie gestalten sich nun aber heute die beiden gegenläufigen Profitabilisierungsstrategien im Umgang mit Flüchtigkeit, von denen die eine wie gesagt auf Verschärfung und Affirmation setzt und die andere auf Negation und Abwehr? Ein aktuelles Beispiel für erstere ist das Phänomen des *Ephemeral Retailing*, also des »flüchtigen Einzelhandels«, sowie mit ihm verwandte Formen, bei denen etwa in Form von Pop-up-Geschäften oder Restaurants der Absatz von Waren und Dienstleistungen räumlich und vor allem zeitlich stark limitiert wird. Ein Beispiel für die zweite Strategie stellt etwas dar, das in jüngster Zeit vor allem in der Kunstwelt als *Non-Fungible Tokens* oder NFTs bekannt geworden ist, mit deren Hilfe besonders die maximal flüchtigen digitalen Dinge wieder zu unverwechselbaren Unikaten gemacht werden sollen.

14. *Ephemeral Retailing* und die Ökonomie flüchtigen Erlebens

Während in unseren übersättigten Konsumgesellschafften die Ökonomie der Anreicherung mitunter an ihre Grenzen zu gelangen scheint, sucht die Industrie nach Möglichkeiten, neue, bislang ungehobene Flüchtigkeitspotenziale zu kapitalisieren. In den vergangenen Jahren sind flüchtige Pop-up-Angebote in ganz unterschiedlichen Branchen zu einem nahezu alltäglichen Phänomen geworden. Die Palette reicht dabei von Restaurants über Strände und Kunstausstellungen bis hin zu zahlreichen Varianten des Pop-up-Verkaufs. Egal ob unter zeitweiliger Nutzung freistehender Geschäftsflächen oder durch das gezielte Aufstellen temporärer Container hat vor allem das *Ephemeral Retailing* oder »flüchtige Verkaufen« betriebswirtschaftliches Interesse hervorgerufen: »Häufig als das ›angesagteste‹ Ding im Einzelhandel beschrieben, bezeichnet *Ephemeral Retailing* das Aufkommen von Pop-up-Stores als neue Form des Einzelhandels. Diese temporären Geschäfte tauchen unangekündigt auf, ziehen schnell Menschenmengen an und verschwinden dann wieder oder verwandeln sich in etwas anderes.«[86]

Das flüchtige und teilweise unerwartete Aufpoppen von (Ver-)Kaufgelegenheiten, deren rasch entstehende Kund'innenansammlungen sich ebenso schnell wieder auflösen, sobald der Eindruck von Neuheit und Exklusivität wieder verflogen ist, bringt jedoch nicht nur frischen Schwung in stagnierende Absätze etablierter Hersteller von Klassen- wie Massenware. Das ephemere Geschäftsmodell ist auch für eine stark steigende Anzahl von Online-Unternehmen attraktiv und schlägt somit einen Bogen zwischen klassisch-industrieller und digitaler Ökonomie. Denn »Pop-up-Stores bieten beachtliche Möglichkeiten für Online-Unternehmen (*Pure Player*), die keine dauerhafte physische Verkaufsstelle haben möchten oder die Beziehung zu Internetnutzern vermenschlichen wollen, die sonst keine Gelegenheit haben, mit der digitalen Marke in Kontakt zu treten.«[87]

Angesichts dieses strategischen Einsatzes und vor allem einer bisweilen minutiösen zeitlichen und räumlichen Planung temporärer Verkaufsstätten stellt sich allerdings die Frage, inwiefern die üblichen Zuschreibungen »ephemer« oder »flüchtig« hier zutreffend sind. Oder präziser gefragt: Was ist am »ephemeren Einzelhandel« wirklich flüchtig? Denn es sind vielleicht nicht so sehr die wenigen Wochen, Tage oder auch nur Stunden, für die ein Pop-up-Store einer bisweilen über die genauen Zeitfenster wohlinformierten Kundschaft zur Verfügung steht, die streng genommen als »ephemer« zu bezeichnen sind. Bessere Kandidaten für die Zuschreibung von Flüchtigkeit sind an dieser Stelle womöglich weniger die jeweiligen Vertriebsprozesse als vielmehr die in diesen Prozessen entstehenden Strukturen und Interaktionen. Jedenfalls ist für die Frage nach einer Ökonomie der Flüchtigkeit keineswegs nur die betriebswirtschaftlich durchgetaktete Beschränkungs- und Verknappungslogik relevant. Was in Pop-up-Stores letztlich gelingen soll, ist ja die monetäre Aufladung und Ausschöpfung der von der Moderne so schmerzlich empfundenen Flüchtigkeit jedes Moments, und das betrifft zuallererst einen bestimmten Erfahrungsmodus, von dem fraglich ist, ob er überhaupt noch in der klassischen Aufteilung unterschiedlicher Wirtschaftssektoren unterzubringen ist.

Unterschieden wird hier bekanntlich ein primärer Sektor (Gewinnung von Rohstoffen) von einem sekundären (industrielle Verarbeitung) und tertiären (Dienstleistungen), von denen letzterer heute in Deutschland etwa zwei Drittel einnimmt, während der

Primärsektor nicht einmal ein Prozent ausmacht (zu Beginn des 20. Jahrhunderts waren die drei Sektoren noch in etwa gleich verteilt, bei leichter Dominanz der Industrie).[88] Was nun aber in einer dezidiert flüchtigen Ökonomie (bzw. bei Flüchtigkeit emphatisch aufgreifenden Verkaufsmodellen) im Zentrum steht, sind eben weder einfach Dinge noch Dienste, sondern Erlebnisse, Erfahrungen und Erinnerungen. Es ist die Akkumulation flüchtiger Erlebnisse, die in dieser Ökonomie den Wert generiert und daher womöglich auch die Rede von einem quartären Sektor, einem Flüchtigkeits- oder Erlebnissektor, rechtfertigt. Das Potenzial flüchtiger Strukturen besteht in der Schaffung von Erlebnissen, Begegnungen und Interaktionen, mit denen sich in einer digitalisierten Ökonomie Flüchtigkeit auf exemplarische Weise monetarisieren lässt.

Eine solche Ökonomie der Flüchtigkeit lässt sich gut an ältere Theorien einer »Gesellschaft des Spektakels« oder einer »Erlebnisgesellschaft« anschließen[89] – wobei der Zusammenhang zwischen Erlebnis, Profit und Wert immer deutlicher wird: »Die meisten Marken haben drei Hauptziele, wenn es darum geht, einen Pop-up-Store zu eröffnen: Umsätze generieren, das Markenbewusstsein steigern und eine Kundenbindung und -erfahrung schaffen, die sich von der eines traditionellen Geschäfts unterscheidet«[90]. Doch der Wert dieser experimentellen Erlebnisform ergibt sich aus der Interaktion zwischen Anbieterin und Kunde, der in der Regel auch ohne abgeschlossene Kaufhandlung sein Erlebnis mit von ihm erhobenen Daten bezahlt: »Der Wert ist ein wichtiger Bestandteil der Erfahrung und nicht nur ihr Ergebnis. [...] Der wahrgenommene Wert ist die relative

Präferenz, die sich aus einem Interaktionsexperiment ergibt. Der Wert entsteht aus der Erfahrung, die die Kundin bei ihrem Besuch im Geschäft macht, egal ob sie etwas kauft oder nicht«: also der ›*Erfahrungswert*‹ (*shopping value*), der sich dank digitaler Vermessung auch ohne Kauf reziprok auf beide Seiten der Interaktion verteilt.[91]

Diese Überlegungen zur gegenwärtigen Ökonomie flüchtigen Erlebens lassen sich auch in den breiteren Kontext flüchtiger Erfahrungen der Moderne stellen. Als eine naturgemäß auch in sich selbst flüchtige oder auf Flüchtigkeit verweisende Kategorie bietet sich die Kategorie der »Erfahrung« zugleich immer wieder als Bindemittel für die erfahrenen Verflüchtigungen an. Das Vertrauen auf »Erfahrung« bildete etwa im 19. Jahrhundert ein psychologisches Fundament des von Marx und später Benjamin kritisierten liberalen Individualismus: exemplarisch bei John Stuart Mill als »das Vorrecht und die eigentliche Lebensgrundlage des Menschen, dass er, zur Reife gelangt, die Erfahrung in seiner eignen Weise gebraucht und auslegt. Er selbst muss ausfindig machen, welcher Teil der überlieferten Erfahrung für seine eignen Lebensumstände und seinen Charakter geeignet ist.«[92]

Dem im Verlauf des 19. und vor allem dann im 20. Jahrhundert vielbeklagten »Erfahrungsverlust«, wie er auch im Management-Bereich ökonomischen Planens regelmäßig vorgebracht wird, kann und soll immer zugleich auch mit »Erfahrung« begegnet werden (und inwiefern diese Erfahrungen dann erzählt werden müssen, wird uns ebenfalls noch beschäftigen).[93] Dass Erfahrungen veralten, dass die alten Erfahrungen für die Herausforderungen der Zukunft oft nichts mehr taugen – eben dieser

Erfahrungsverlust ist wohl auch einer der tieferen Gründe des Hungers nach (möglichst einzigartigen und in dieser Einzigartigkeit ihre Flüchtigkeit veredelnden oder gar aufhebenden) Erfahrungen und Erlebnissen. Dabei sind aber natürlich Zweifel angebracht, ob die Akkumulation etwa von Einkaufserlebnissen ein hierfür probates Mittel ist – ob hier wirklich »Erfahrungen gemacht« oder nur »Impressionen gesammelt« werden.[94] Oder leicht paradox zugespitzt: Flüchtigkeitserfahrung ist nicht gleich Flüchtigkeitserfahrenheit.

15. Künstliche Verknappung: Pop-up, Drops etc.

Vielleicht ließe sich das Bisherige so zusammenfassen, dass der ephemere Verkauf über eine »Bereicherung« flüchtiger Erfahrungen funktioniert. Diese kann sich allerdings auch mit der weiter oben beschriebenen Anreicherung von Objekten verbinden oder eine solche bewirken. Ihrem jeweiligen Bezug auf Flüchtigkeit kommen wir womöglich näher, wenn wir diesen beiden Formen der An- und Bereicherung zwei Formen von Verknappung an die Seite stellen: eine zeitliche Verknappung des Erlebens und eine quantitative Verknappung von Gütern.

In der klassischen volkswirtschaftlichen Lehre sind Märkte idealerweise dadurch definiert, dass eine größtmögliche Transparenz von Informationen vorliegt und die Preisfindung ermöglicht – ein Ideal, das im Internetzeitalter sogar vollständig realisierbar erschien. Die real existierenden Märkte sind aber heute genau umgekehrt von einer neuen Intransparenz, im Extremfall sogar einer radikalen Verknappung von Information geprägt, was insbesondere den Verkauf von Waren betrifft: Die für den Kunst- und Luxusbereich typische kultisch-quantitative Verknappung (etwa von Hermes-Handtaschen, Stradivari-Geigen oder künstlerischen Unikaten) wird dabei zunehmend von Produktion und Produkt auf den Verkaufsprozess zu übertragen versucht – nicht zuletzt, um Massenwaren eine etwas exklusivere Aura zu verleihen. Was wir soeben als zeitliche Verknappung der (Ver)kaufsmöglichlichkeiten im *Ephemeral Retailing* diskutiert haben, lässt sich nun zu einer umfassenderen Ökonomie künstlicher Verknappung erweitern.

So operiert etwa der sogenannte *Drop* oftmals mit einer Verknüpfung von quantitativer und zeitlicher Verknappung sowie mit Verknappung von Information, die alle gemeinsam den Verkaufsprozess extrem kondensieren. Unternehmen wie der Bekleidungshersteller Supreme haben sich dadurch einen Namen gemacht und ökonomische Erfolge erzielt, dass sie die Knappheit einer gezielt geringen Menge an Waren noch durch einen konsequent auf den Zeitpunkt des Drops verkürzten Verkaufsintervall ergänzen. Indem sie außerdem ihren Drop-Termin möglichst lange geheim halten und den Informationsfluss beschränken, versuchen sie, einen Hype zu erzeugen und dadurch einen entsprechenden *Run* auf die sowohl zeitlich wie quantitativ knappe – und damit so flüchtige wie angereicherte – Ware auszulösen.

Ein Gemeinplatz in der sozialwissenschaftlichen Forschung lautet, dass Produkte umso attraktiver wirken und daher auch häufiger und zu höheren Preisen gekauft werden, je knapper ihre Verfügbarkeit scheint. Eine bewusst eingesetzte und möglichst präzise kalkulierte Verknappung ist deswegen schon seit Längerem fester Teil der Marketingstrategien und Produktplanung von Unternehmen – eine Tendenz, die sich in Zeiten durch soziale Medien enorm gesteigerter *Fear of missing out* (FOMO), also der erhöhten Angst, etwas zu verpassen, nur noch weiter verstärkt hat. Die Kommunikationswissenschaftlerin Sonja Kastner trägt einige Erscheinungsformen zusammen: »Künstliche Verknappungen oder inszenierte Mengenbeschränkungen können in Form von Limited Editions, Sonderkollektionen oder Designer-Editionen auftreten, aber auch Mengenbegrenzungen (z. B. nur drei Stück je Kunde) oder eine Begrenzung der Vertriebsstätten sind möglich«.[95]

Die Verknüpfung verschiedener Verknappungs- und Bereicherungs-, von Verflüchtigungs- wie Entflüchtigungsstrategien dient hier letztlich der optimalen Positionierung und Absicherung in besonders fluiden Branchen – vornehmlich der Mode, bei der schon der Name auf die Flüchtigkeit ihrer In- und Out-Zyklen verweist. Es geht also darum, diese Flüchtigkeit zugleich zu nutzen und zu bändigen, sie nicht uneingeschränkt freizusetzen, aber auch nicht vollständig zu arretieren, ein Produkt mit Flüchtigkeit anzureichern, um ihm einen exklusiven und dauerhaften Wert zu verleihen, es diesen Wert speichern zu lassen, was ihm aber gerade in seiner Flüchtigkeit am besten gelingt, das Produkt zirkulieren zu lassen, aber seine Zirkulation zugleich zu beschränken. Die höchsten Gewinne streicht die Marke ein, die dieses paradoxe Spiel mit der Flüchtigkeit am besten beherrscht: »Gelingt es einem Designer, seine Kleidung in einer Szene durch sein Label zu platzieren, erreicht die produzierte Kleidung den

Status eines In-Labels. Es hat eine hochflüchtige Machtposition gegenüber all jener Kleidung inne, die diesen Sozialstatus nicht erreicht«.[96]

16. Künstlerische Verknappung: die Aura von NFTs

Angesichts der digitaler Technologie und Ökonomie eigenen Tendenz zu einer reinen Flüchtigkeit gibt es erwartbarerweise auch auf diesem Feld Bemühungen zur Entflüchtigung und zum Auf-Dauer-Stellen digitaler Objekte. Ein so aktuelles wie avanciertes Exempel dafür bilden sogenannte *Non-Fungible Tokens* (NFTs), mittels derer aus ansonsten beliebig reproduzierbaren digitalen Dingen wieder Unikate gemacht werden sollen. Dabei wird das Objekt mittels Blockchain-Technologie mit einem einmaligen, nicht teil- oder austauschbaren (*non-fungible*) Kryptowert hinterlegt, der das Objekt unverwechselbar macht. Als Beispiel ließe sich hier die erste jemals verschickte SMS nennen, die mittlerweile mit einem NFT ausgestattet wurde. Wir sehen also, dass es bei NFTs vor allem darum geht, digitalen Dingen eine Aura der Einmaligkeit zu verleihen – oder (wieder)herzustellen –, die ihnen ja grundsätzlich zukommt, aber in der Sphäre des Digitalen sonst nicht abzubilden wäre. Denn auch wenn ihr Inhalt später beliebig oft kopiert und weitergeleitet wurde, konnte jene erste SMS ja trotzdem in der Tat nur ein einziges Mal zum ersten Mal versendet werden. Der NFT macht diese auratische Einmaligkeit (wieder) greifbar, die in der digitalen Welt ansonsten zur vollständigen Verflüchtigung verdammt gewesen wäre.

Die Schaffung von entflüchtigender Einmaligkeit und Identität durch NFTs funktioniert also letztlich ebenfalls mittels *künstlicher* Verknappung, die allerdings in besonderer Weise *künstlerisch* erprobt wird. Denn gerade im Bereich der Kunst, der ja der Ausgangspunkt unserer Überlegungen zu Flüchtigkeit war, dienen NFTs heute als Strategie einer Ökonomisierung oder ökonomischen Entflüchtigung digitaler Kunstproduktion. Polemisch formuliert sind künstlerische NFTs damit ein Versuch, die Entwicklungen eines ganzen Jahrhunderts ökonomisch zurückzudrehen – vom Zeitalter der technischen Reproduzierbarkeit bis hin zur digitalen Produzierbarkeit von Kunst –, um digitale Kunstwerke oder analog reproduzierbare Kunstwerke *als* digitale (wieder) einmalig zu machen. Die dadurch (wieder) entstehende Aura mag jener traditioneller bzw. analoger Artefakte nicht bis ins Letzte entsprechen (es sei denn, man wollte den kulturellen Wert von Dingen vollständig mit ihrem ökonomischen Wert identifizieren) – und doch (re)produzieren NFTs faktisch digitale Unikate. Was NFTs letztlich rechtlich-ökonomisch garantieren sollen, ist die gesicherte Attribuierbarkeit eines Objekts zu einem Eigentümer-Subjekt.

Die gegenwärtig grassierende Tokenisierung tritt dabei nicht primär von außen an die Kunst heran, sondern ist vielmehr das auf digitale Objekte geupdatete Werkzeug einer Knappheitsökonomie, die immer schon mit der künstlichen und künstlerischen Verknappung von Dingen gehandelt hat, ohne dass sich je eine klare Grenze zwischen hartem finanziellen und weichem kulturellen Kapital hätte ziehen lassen: »Zu diesem Zweck hat der Kunstmarkt stets Instrumente der Buchführung benötigt – in welcher Form auch immer –, um die Provenienz und Authentizität eines Werks zu ermitteln, seine Eigentumsverhältnisse zu prüfen und seine Bedingungen für Lagerung, Transport, Präsentation und Transaktion zu dokumentieren. Hier kommen Non-Fungible Tokens ins Spiel, eine Möglichkeit zur digitalen Verankerung von Einzigartigkeit dank der Magie von Blockchains wie Ethereum. NFTs haben all diesen administrativen Aufwand – Nachweis von Seltenheit, Herkunft, Besitz – im virtuellen Bereich ziemlich einfach gemacht«, so der Kryptokunstexperte Wassim Z. Alsindi [97].

Kluge – oder ausreichend korrumpierte – Künstler wie Damian Hirst, der schon früher ökonomische und finanztechnische Aspekte des Kunstmarkts zu einem zentralen Aspekt seiner Arbeiten gemacht und die Grenzen der spekulativen gegenwärtigen »Finanzkunst« auszureizen versucht hat, finden auch im sogenannten Web3 dezentraler Blockchains die neuralgischen Punkte auratischer Flüchtigkeit und eines nicht unterdrückbaren Begehrens nach (Re-)Auratisierung. Hirsts NFT-Projekt *The Currency* (2021) etwa stellt potenzielle Käuferïnnen mit den Mitteln spekulativer Finanztechnologie vor die entscheidende Frage nach (vermeintlich) ästhetischer oder finanzieller Verflüchtigung: »Die Käufer hatten die Wahl, ob sie ein physisches Kunstwerk erhalten wollten – ein Exemplar aus einer Serie von Papierscheinen, die aussehen wie Dollarnoten – oder einen Non-Fungible Token, der dieses Kunstwerk repräsentiert. Entscheiden sie sich für den Token, wird das materielle Werk zerstört. Was repräsentiert dieser Token, wenn es kein zugehöriges Objekt mehr gibt? Was zu bleiben scheint, ist der Eingriff, eine Aura der Ästhetisierung, ein kryptografischer Vibe«, wie Alsindi erläutert[98].

Sind NFTs also der »ultimative Fetisch«, wie der Kunstkritiker und Kurator Kolja Reichert meint, weil in ihnen »die Aura endgültig das Kunstwerk verlässt und auf die entsprechenden Tokens übergeht, von den Preisen auf die Währung, auf die Wirtschaft, auf die Gemeinschaft, in der es zirkuliert«?[99] Auch aus Sicht der avanciertesten Web3-Künstler und Programmiererïnnen besteht die Aufgabe darin, »eine Aura zu erzeugen, das Gefühl, dass man es mit einem singulären Kunstwerk zu tun hat«, so einer der Vorreiter auf dem Gebiet digitaler Kunst, Harm van den Dorpel: »Es gibt die Vorstellung, dass die Tokenisierung digitaler Kunst deren größtes Potenzial verschenkt, nämlich ihre Wandlungsfähigkeit. Aber inwieweit ein mit Tokens versehenes generatives Kunstwerk selbst statisch wird, ist letztlich eine Frage des Designs.«[100] Was aber derart wandelbar und unstet, was nicht zugleich auch arretierbar oder (zumindest zwischen)speicherbar ist, das lässt sich auch nur schwer kommodifizieren und kapitalisieren. Doch was im Web3 verfestigt wird – und sei es durch die gegenwärtig avanciertesten Finanztechnologien –, kann doch auch wieder verdampfen und verfliegen. Auch als digitale Tokens bleiben (nicht nur künstlerische) Objekte Gegenstand von Flüchtigkeit.

Gerade dieses künstlerische Begehren nach Veränderbarkeit und tatsächlicher Veränderung auch der Besitzverhältnisse haben sozial orientierte Arbeiten der Kryptokunst in den Vordergrund gestellt. Die NFTs der *Lifeforms* (2021) von Künstlerin und Software-Entwicklerin Sarah Friend bleiben nur am »Leben«, wenn sie innerhalb von drei Monaten weitergegeben werden – was nicht nur einer Fetischisierung von Objekten, sondern deren Besitz und Eigentum überhaupt zuwiderläuft. Was sich damit verschiebt, ist auch der »Fokus auf die Beziehungen zwischen den Teilnehmern dieses erst zu bildenden Netzwerks, wobei wir auf spielerische Weise daran erinnert werden, dass Wert keine intrinsische Eigenschaft ist, sondern ein soziales Konstrukt. Er liegt hier nicht in den bloßen Eigentumsrechten, sondern in deren Übertragung. Wer nicht mitspielt, zerstört das digitale Kunstwerk und die damit verbundenen Rechte: Es verschwindet dann aus dem virtuellen Portemonnaie des achtlosen Kurzzeitbesitzers und hat keinerlei Aussicht, jemals wiederbelebt zu werden.«[101]

Letztlich aber zeigen all diese Beispiele – von der versuchten Verflüchtigung des stationären Handels bis zur künstlerischen Verknappung digitaler Objekte –, dass auch im Zeitalter digitaler Ökonomie die altbekannten industriellen Modelle zum Umgang mit und zur Profitabilisierung von Flüchtigkeit weiterhin zur Anwendung kommen und im neuen Medium Fuß zu fassen versuchen. Zugleich unterliegen sie wieder neuen Verflüssigungen und Verflüchtigungen, die jeweils in ihrer Besonderheit zu verstehen sind.

17. Preis und Wert I: Zeitvektoren ökonomischer Narrative – Sammlungen und Trends

Wie allgemein bekannt, verfügt der moderne Kapitalismus über erstaunliche Fähigkeiten und Kapazitäten, alle erdenklichen Phänomene zu inkorporieren. Noch die bis dahin undenkbarsten Dinge vermag er zu Wertobjekten zu nobilitieren und zu kommodifizieren, indem er sie als Ware gewinnbringend verkauft. Wir haben das Interesse des Kapitals an flüchtigen Strukturen bereits berührt und darauf hingewiesen, dass Flüchtigkeit dabei nicht zu weit reichen darf, um noch berechenbar und monetarisierbar zu bleiben. Aber selbst so schwer zu greifende Entitäten wie Daten, Patente oder Erlebnisse lassen sich in einer zunehmend digitalen und spekulativen Informationsökonomie noch mit einem Preis belegen – geradezu tautologisch ist in diesem Zusammenhang freilich der Hinweis, dass solche Preise extrem volatil und also flüchtig sind. Implizit wird dabei jedoch oft angenommen, dass es sich mit dem Wert von Gegenständen anders verhält. Im Kontext zunehmender Flüchtigkeit allerdings dämmert uns die Einsicht, dass auch Dinge ebenso wenig preisstabil wie in sich selbst wertbeständig sind. Statt eine intrinsisch-dauerhafte Essenz von Objekten darzustellen, ist (ihr) Wert selbst flüchtig, und zwar nicht nur im Sinne eines materiellen Wertverlusts von Dingen, sondern auch als historisch veränderliche und überhaupt uneinheitlich »berechnete« Kategorie.[102]

Doch worum handelt es sich eigentlich bei Preis und Wert, und wie verhalten sich beide zueinander? Wir müssen hier nicht im Detail auf diverse orthodoxe wie heterodoxe Positionen in der Wirtschaftswissenschaft eingehen, also etwa auf die Frage, ob sich der Wert eines Objekts anhand seines Gebrauchs oder der in seine Herstellung investierten Arbeit ermitteln lässt, oder ob Preise »einfach« vom jeweiligen Verhältnis zwischen Angebot und Nachfrage bestimmt werden, wie das Dogma der gegenwärtig hegemonialen, neoklassischen Ökonomik lautet. Stattdessen hilft hier noch einmal der Bezug auf Boltanski und Esquerre, denn angesichts einer Entwicklung, in der nach dem Modell von Kunst-

und Luxusmärkten nicht etwa die Produktionskosten oder intrinsische Werte wie Qualität und Haltbarkeit, sondern in zirkulärer Logik immer öfter (hohe) Preise allein das beste Argument für (hohe) Preise darstellen, haben die beiden Soziologen den umgekehrten Ansatz vorgeschlagen: »Anstatt den Wert dem Preis *vorzuschalten* und in den Dingen selbst zu verankern, wie es die klassischen Ökonomen getan haben, oder ihn (unter der organisatorischen Aufsicht eines Auktionators) mit einem theoretischen Gleichgewichtspreis zusammenfallen zu lassen, wie die Neoklassiker, werden wir den Wert dem Preis *nachschalten.*«[103]

Gleichwohl bedarf die Aufrechterhaltung des ökonomischen Status quo und seiner Ideologien natürlich, dass die genannten Idiosynkrasien der Preisgestaltung verschleiert werden. Einigen alternativen Rechtfertigungsmanövern sind wir bereits begegnet, etwa diversen Verflüchtigungs- und Entflüchtigungsstrategien in Gestalt künstlicher Verknappung. Mit diesen zusammenhängend und sie ergänzend sind etwa in der Luxus- oder der Pop-up-Ökonomie auch diverse Anreicherungsprozesse. Denn in dem Maße, als Objekte (etwa als seriell produzierte Massenware) aus sich selbst heraus keine auratische Substanz oder substanzielle Aura mehr besitzen, müssen sie quasi von außen mit Bedeutung aufgeladen werden.

Laut Boltanski und Esquerre geschieht diese (Re-)Auratisierung vor allem in narrativer Form, durch eine Verknüpfung mit – wahlweise auch erfundenen oder halbwahren – Geschichten. In dieser Darstellung entspricht eine solche narrative Anreicherung wie gesagt der einen Seite einer »Bereicherungs«-Ökonomie: »Dabei spielen wir mit der Mehrdeutigkeit des Ausdrucks ›enrichissement‹, den wir zum einen in dem Sinne verwenden, in dem man von der Anreicherung eines Metalls spricht, von der Bereicherung eines Lebens, dem Reicherwerden einer Kultur, der Veredelung eines Kleidungsstücks oder auch von der Bereicherung, die es darstellt, wenn eine Sammlung um eine Reihe von Objekten erweitert wird. Damit soll die Tatsache hervorgehoben werden, dass diese Ökonomie weniger auf der Produktion von neuen Dingen beruht, als vielmehr bereits vorhandene Dinge vor allem dadurch *reicher zu machen* versucht, dass sie sie mit Geschichten verknüpft.«[104]

Dabei lassen sich noch einmal zwei Formen der narrativen Anreicherung unterscheiden, je nachdem ob die Zeitvektoren ihrer Geschichten rückwärts oder vorwärts weisen. Exemplarisch für die erste Form steht die besonders mit dem Kunstfeld verknüpfte Aufwertung durch Sammlung. In diesem narrativen Modell weist der Zeitvektor in die Vergangenheit auf historische Personen, Orte oder Umstände, die der flüchtigen Gegenwart und ihren Massenobjekten eine erdende Entschleunigung verleihen sollen: Entgegen der Standardkodifizierung von Industrieprodukten sind Sammlerstücke – und ähnlich die nach ihrem Vorbild modellierten Luxusgüter – »durch Geschichten beschreibbar, die besonders an die Bedingungen, unter denen sie entstanden sind, und an die Personen erinnern, die sie erschaffen oder denen sie gehört haben. Die *Narrativität* ist Teil ihres In-der-Welt-Seins.«[105]

Auch Sammlungen berühren in mehrfacher Weise ökonomisch verwertbare Aspekte von Flüchtigkeit, und zwar wiederum sowohl in Form von Verflüchtigung wie Entflüchtigung. Sammeln impliziert eine besondere Aufmerksamkeit für Flüchtiges, dessen

Umwertung in Zu-Bewahrendes sowie die damit verbundene ökonomische Aufwertung. Zudem befördert die Sammlung einen Rezeptionsmodus, den Walter Benjamin als typisch für das Verhältnis zu traditionell auratisch verstandener Kunst ausgemacht hat: ein konzentriertes Sich-Sammeln. In narrativer Hinsicht ist besonders die ökonomische Dialektik von Flüchtigkeit und Entflüchtigung relevant, die etwa gerade noch massenhaft als Müll Befundenes und Gefundenes durch die richtige Erzählung in eine Sammlung einbindet und durch diese narrative Verknappung Flüchtiges entflüchtigt: »Wir behaupten also, dass die Dinge nicht deshalb gesammelt werden, weil sie selten sind, sondern dass ihre Seltenheit eben darauf beruht, dass sie gesammelt werden. Das ökonomische Interesse am systematischen Sammeln bestände demnach vor allem im *Erzeugen von Seltenheit*; den Grundstock dazu bilden Dinge, die ausgesprochen reichlich vorhanden sind, nämlich Abfälle.«[106]

Die Müllsammlung scheint freilich bereits in die Richtung des umgekehrten Zeitvektors zu weisen, für den ansonsten ein anderes narratives Modell beispielhaft ist: der Trend. Dieser funktioniert in der Regel nicht so, dass eine wertsteigernde Geschichte anhand historischer Entitäten in der Vergangenheit verankert wird, sondern dass etwa Prominente aus Kultur und Gesellschaft oder andere Influencerïnnen einem gegenwärtig flüchtigen – und damit so tendenziell wertlosen wie höchstwahrscheinlich hochpreisigen – Produkt eine großartige Zukunft versprechen. Damit erweist sich der Trend als zwar der Sammlung analoge, aber ihr zugleich auch entgegengesetzte narrative Umgangsform mit Flüchtigkeit: »Genauso wie die Sammlerform betrifft die Trendform nämlich Dinge, deren Wert mit Hilfe von Narrativität ermittelt wird, aber diese Dinge sind dazu bestimmt, sehr schnell an Wert zu verlieren, sodass ihr Verhältnis zur Zeit sich spiegelverkehrt zur Temporalität verhält, die wir im Fall der Sammlerform beobachtet haben.«[107]

Es liegt in der Natur der flüchtigen Sache, dass Trends selbst im Trend liegen, dass sie Trends und »Meta-Trends« unterliegen – und dies nicht zuletzt, weil die sie beeinflussenden technologischen Plattformen ebenfalls trendbasiert funktionieren.[108] So sind – oder waren, oder werden es irgendwann wieder sein – etwa (digital-fotografische) Stillleben von Essen im Trend, und zwar nicht nur, weil Essen und Kulinarik ganz allgemein im Trend sind, sondern natürlich auch, weil bildzentrierte soziale Medien wie Instagram im Trend liegen, deren spezifische Flüchtigkeit (Feeds, Reels, »Trends« etc.) und virale Verbreitungsform der Trendbildung enorm zuträglich sind. Auf die Spitze getrieben wird dieses Prinzip vom sogenannten »Mikro-Trend«, der laut der Autorin Natasha Stagg »nicht einmal so lange währt, wie es normalerweise dauert, um als echter Trend anerkannt zu werden. Er verglüht, weil er zu hell und zu schnell aufflammt. Und doch sind es häufig Mikro-Trends, die später als Inspiration für größere Trends dienen. Etwas, das ursprünglich zu eindeutig oder zu offensichtlich war, um modisch zu werden, kann später als Relikt neu kontextualisiert werden und schließlich zum Sinnbild einer ganzen Ära avancieren. Und das ist immer schon so gewesen. Gerade die unschicksten Trends eines Jahrzehnts werden zwanzig Jahre später wiederbelebt, und zwar mit großer Verlässlichkeit.«[109]

Was all diese Meta-, Mikro- und Retro-Trends aber letztlich eint und auszeichnet, ist die Tatsache, dass sie weniger Veränderungen in den tatsächlichen Trendzyklen der Modeindustrie widerspiegeln als vielmehr in der Art und Weise, wie mit der (digitalen) Berichterstattung über sie Geld verdient wird – was vor allem bedeutet, dass im Zeitalter sozialer Medien »sensationalistischer Journalismus stärker akzeptiert wird.«[110] Doch auch die immer schon per Definition flüchtige Mode selbst unterliegt inzwischen ihrer noch weitergehenden, digitalen Verflüchtigung, wenn sie etwa im Rahmen von *Digital Fashion* auch ohne lästiges An- und Ausziehen einfach online stattfinden kann: »*Digital Clothing* ist stressfrei. Du musst nicht erst ein Dutzend Outfits anprobieren, um das richtige zu finden. Alles, was dir gut zu deinem Style gefällt, lässt sich mit ein paar Klicks in dein Foto einfügen. Als digitale Influencer'in kannst du mehr mit deiner Zeit anfangen, wenn du nicht gerade neue Klamotten anprobierst.«[111]

18. Preis und Wert II: Anlagen und Derivate

Selbstverständlich stellen all diese Entwicklungen die traditionelle Modeindustrie vor eine Fülle von Herausforderungen und bieten Anlass für ausgiebige Beschwerden von Planern und Managern. Ebenso sehr, wie eine der Flüchtigkeit (qua Substanzlosigkeit und intrinsischer Wertlosigkeit) ihrer Produkte bewusste Ökonomie diese Flüchtigkeit auf vielfältige Weise auszunutzen und zu profitabilisieren versucht, neigt sie auch zur Verzweiflung über die tendenzielle Unplanbarkeit der entsprechenden ökonomischen Prozesse. Und zwar insofern, als wir nun mal bis auf Weiteres in einer nur vermeintlich post-industriellen Gesellschaft leben, die ihre weiterhin benötigte industrielle Produktion lediglich in weniger privilegierte Weltregionen outgesourct hat und deren Wirtschaften weiterhin ganz überwiegend vom Handel mit und von der dienstleisterischen Betreuung von (industriell gefertigten) Produkten und Waren abhängt. So haben wir es hier also nicht nur mit beständigen Reaktivierungen etwa von Retro-Modetrends zu tun, sondern mit dem andauernden Versuch einer Reanimation von Retro-Industrie- (und Flüchtigkeits-)Modellen.

In Richtung einer Art Synthese und schließlich auch eines Auswegs für das Kapital aus dieser Dialektik der Flüchtigkeit scheint am ehesten das zu weisen, was Boltanski und Esquerre als die »Anlageform« der Ware bezeichnen. In diesem Fall wird eine Ware nicht als Gebrauchsobjekt erworben, sondern einzig und allein als Vermögensanlage, deren Wert sich aus seiner zukünftigen Preiserwartung ergibt: »Nach seiner Anlageform hat ein Ding nur einen Wert durch das Verhältnis von Preis und Metapreis, insofern dieser ein möglicher zukünftiger Preis ist: Sein Wert besteht in seinem angepeilten Metapreis.«[112] Die Anlageform bewegt sich damit zwischen der Sammlerform, von deren Rückwärtsgewandtheit sie ihre Wertstabilität ableitet, und der Trendform, auf deren Zukunftsorientierung sie zurückgreift, um den sicheren Wert ihrer Anlage noch zu steigern.

Freilich ist die Anlageform von Waren zunächst noch ganz besonders an die Materialität und Langlebigkeit von Produkten – etwa Kunstwerken, Antiquitäten oder Luxusgütern – gebunden. Doch auch für dieses Problem haben sich in der zunehmenden

Finanzialisierung des Kapitalismus Lösungen gefunden. Spielten auch an herkömmlichen Aktienbörsen immer schon zukünftige Preiserwartungen eine wesentliche Rolle, machte es die Erfindung und vor allem die breite Institutionalisierung von Finanzinstrumenten wie Derivaten und Optionen möglich, Zukunftserwartungen vollständig losgelöst von ihnen zugrundeliegenden Waren, Aktien, Anleihen oder anderen Basiswerten zu handeln. [113]

In Verbindung mit technologischen Entwicklungen wie der umfassenden Digitalisierung und dem durch immer schnellere Leitungen möglichen *High Frequency Trading* war zu Beginn des 21. Jahrhunderts der Derivatehandel das wohl am schnellsten wachsende Finanz- und Wirtschaftssegment: Lag der Nominalwert aller weltweit ausstehenden, außerbörslich gehandelten Derivatkontrakte im Jahr 2000 bei 95 Billionen US-Dollar, waren es im Jahr 2010 bereits unglaubliche 601 Billionen US-Dollar[114], während sich das weltweite Bruttoinlandsprodukt lediglich auf rund ein Zehntel dieses Betrags belief. Obwohl es sich dabei wie gesagt um nominale Werte handelt, und der tatsächliche Marktwert dieser Geschäfte weit darunter liegen dürfte, haben wir es mit gigantischen Zahlen zu tun, die pars pro toto einer Entwicklung vom Handels- und Industriekapitalismus zu einem Rentenkapitalismus entsprechen, wie sie am prominentesten der französische Ökonom Thomas Piketty beschrieben hat, und in deren Zuge die Profite aus Vermögensanlagen das Einkommen aus Erwerbsarbeit heute bei Weitem übersteigen.[115]

Indem sich Derivate vor allem dadurch auszeichnen, dass sie Gewinne aus einer Wertanlage auch dann garantieren, wenn der Wert dieser Anlage nominell sinkt, gehören sie zu den bis dato virtuosesten Instrumenten, mit denen heute die Flüchtigkeit globaler Finanzströme fruchtbar gemacht werden kann – ohne dass diese Flüchtigkeit dabei irgendwie eigeschränkt werden müsste. Auch in Bezug auf den (nicht nur imaginierten) Sozialtypus heutiger *Trader* und – nach wie vor zumeist männlicher – Derivatbörsenhändler lässt sich zudem eine deutliche Überschneidung mit der gesteigerten Flüchtigkeitsphänomenologie etwa sozialen Medienkonsums feststellen, so wie es die Wissenschaftshistorikerin Karin Knorr Cetina bereits vor zwanzig Jahren beschrieben hat: »Das globale Reflexsystem der Finanzbildschirme zeigt, steigert und beschleunigt den Marktprozess und seine Dynamik. Indem die Information über die Bildschirme läuft [scrolls down] und durch neue Information ersetzt wird, entsteht ständig eine neue Marktrealität. Die kontinuierlich auftauchenden Textzeilen wiederholen mitunter die verschwindenden, aber sie ergänzen und ersetzen sie auch und aktualisieren [updating] so die Realität, in der sich die Trader bewegen.«[116] Nähern wir uns also in dieser Verknüpfung von Finanzialisierung und Digitalisierung noch weiter dem Umgang mit einer reinen, radikalen Flüchtigkeit an? Und was hat diese mit der Spekulation auf die Zukunft zu tun?

Ephemerologie 3
Zwischenresümee – drei ökonomische Modelle

1. Marx und die lineare Progression

Wir haben bereits einige Aspekte von Marx' impliziter Flüchtigkeitstheorie analysiert. Ihre Kernsätze lauten: »Alle festen eingerosteten Verhältnisse mit ihrem Gefolge von altehrwürdigen Vorstellungen und Anschauungen werden aufgelöst, alle neugebildeten veralten, ehe sie verknöchern können.«[117] Vor allem in einer verbreiteten englischen Übersetzung der zentralen und zu Recht berühmten Formulierung »Alles Ständische und Stehende verdampft«, »All that *is* solid melts into air«[118], kommt zum Ausdruck, wie ökonomische und gesellschaftliche Veränderung die Gegenwart selbst betrifft. Alles, was *jetzt*, gerade noch, solide erschien, löst sich in Luft auf und verflüchtigt sich. Das scheinbar Solide liegt tatsächlich bereits in der Vergangenheit, in der Gegenwart herrscht Flüchtigkeit. Die ständische, aristokratische Gesellschaft steht in diesem Modell für – letztlich zum Scheitern verurteilte – Versuche, diesen Verflüchtigungsprozess dauerhaft aufzuhalten und zu arretieren. Dagegen setzt Marx auf Affirmation und Freisetzung von Flüchtigkeit, das Verdampfen und Verflüchtigen der aristokratischen Vergangenheit und bürgerlichen Gegenwart, sind es bei ihm doch bekanntlich die entfremdeten und sich emanzipierenden Arbeiter, die den Weg in die Zukunft weisen. Es sind die produktiven Enteigneten und nicht die ausbeutenden Eigentümer, es sind die vielfach Entrechteten und nicht die ihr vermeintliches Recht erfolgreich Durchsetzenden, die für

Marx die (flüchtige) Gegenwart auf die Zukunft hin öffnen. In dieser Art und Weise seiner Ausrichtung auf eine (kommunistische) Zukunft als Fluchtpunkt der Geschichte ist Marx ein exemplarischer Vertreter dessen, was wir als Linearitätsmodell von Flüchtigkeit beschrieben haben.

Marx zufolge sind es nicht Maschinen, die Wert oder Mehrwert produzieren, sondern allein menschliche Arbeit. Immer wieder taucht in diesem Zusammenhang die Frage auf, inwiefern Marx mit seinem Fokus auf (weiße, männliche) Arbeiter und ihre Ausbeutung aus heutiger Sicht womöglich nur ein Oberflächenphänomen in den Blick genommen hat. Aus feministischer und vor allem postkolonialer Perspektive steht nicht mehr die Ausbeutung des westlichen Industrieproletariats und dessen Klassenkampf im Zentrum. Vielmehr gilt hier (der Kampf gegen) koloniale Ausbeutung und Sklaverei als historisch richtungsweisend, die unser Gesellschaftssystem im globalen Maßstab strukturell prägen, und die Marx – trotz seiner scharfen Kritik eines notwendig imperialistischen Kapitalismus – eher metaphorisch aufgegriffen hat, etwa im Begriff der »Lohnsklaverei«[119]. Zwar versteht auch Marx Sklaverei und koloniale Ausbeutung als typische und vielleicht sogar zwingende Begleiterscheinung kapitalistischer Akkumulation, also der räuberischen Aneignung von Land, natürlichen Ressourcen oder Arbeitskraft. Aber in seinem hegelianischen Geschichtsmodell stehen sie vor allem in Zusammenhang mit historisch veralteten Produktionsformen (zu seiner Zeit etwa im noch weitgehend landwirtschaftlich ausgerichteten amerikanischen Süden im Gegensatz zum wesentlich stärker industrialisierten Norden). Der Kapitalismus dagegen gilt ihm – bei allen

Verwerfungen – mit seiner noch nie dagewesenen Produktivität immer zugleich auch als notwendige Voraussetzung für die Befreiung der Arbeiterschaft im Sozialismus.

Marx' Fokus auf die (industrielle) Produktion führt dazu, dass die in der Folge immer wichtigeren Aspekte von Konsum und Verbrauch in seinen ökonomischen Analysen eine vergleichsweise geringe Rolle spielen. Es erklärt außerdem, warum in seiner Theorie – trotz, oder gerade wegen, der affirmativen Einsicht in die Verflüchtigung alles Festen im Kapitalismus – dessen Flüchtigkeit dennoch wieder in etwas anderem befestigt werden soll. Auch wenn Marx natürlich Dialektiker ist und Fortschrittsbewegungen mittels Widersprüchen denkt, steht am Ende seiner Geschichte nichts Flüchtiges, sondern die Utopie eines universell gefestigten Kommunismus.

2. Keynes und die ökonomische Zirkulation

So wie Marx gegen aristokratische und bürgerliche Selbstwidersprüche im 19. Jahrhundert anschrieb, kann man auch die Arbeiten von John Maynard Keynes als Einspruch gegen die Flüchtigkeitswidersacher seiner Zeit im frühen 20. Jahrhundert verstehen, wobei Keynes mit seiner Vorstellung von zirkulierendem Kapital nicht mehr einem linearen, sondern einem Bewegungsmodell ökonomischer Flüchtigkeit zuzuordnen ist. Sein Ansatz bietet einen plausiblen Einwand gegen die üblichen Beschwerden über Flüchtigkeit, die – ebenso naheliegend wie falsch – implizit davon ausgehen, dass die Folge aus Flüchtigkeit einfach Verflüchtigung ist. Aus keynesianischer Perspektive liegt hier ein Missverständnis von ökonomischen Zirkulationsprozessen wie auch von deren Flüchtigkeit vor. Denn wer sagt eigentlich, dass derart in Bewegung versetztes, verflüssigtes Kapital notwendig verloren gehen und sich in diesem rein negativen Sinn verflüchtigen muss? Ganz im Gegenteil folgt aus Keynes' Bewegungsmodell der Zirkulation, dass Flüchtigkeit nicht einfach nur Verschwinden und Verflüchtigung bedeutet, sondern durch ihre rekursive Einbindung in ökonomische Zyklen am Laufen gehalten wird und dadurch die Wirtschaft selbst am Laufen hält. Oder anders gesagt: Die Flüchtigkeit zirkuliert, und anstatt sich zu verflüchtigen, wird sie zum Motor der Ökonomie.

Wir haben gesehen, dass sich bei Marx eine festgefahrene Vergangenheit in der Gegenwart verflüchtigt und diese in Richtung Zukunft öffnet. Statt eines solchen linearen Zeitverständnisses fokussiert Keynes auf das (zirkuläre) Verhältnis zwischen Gegenwart und Zukunft. Exemplarisch dafür ist seine Definition von Geld, verstanden nicht nur als der Preis von Produkten oder als die in Umlauf befindliche Menge von Münzen und Papiergeld (oder was auch immer das nationale Geldausgabeinstitut zur Verfügung stellt), sondern stets mit Blick auf die gesamte Wirtschaftssituation, inklusive Investitionen und Beschäftigungslage. Letztlich heißt das: »[D]ie Bedeutung des Geldes rührt im wesentlichen daher, daß es ein Verbindungsglied zwischen der Gegenwart und der Zukunft darstellt.«[120]

Angesichts dieses Fokus auf die per se nicht präsente – aber deswegen noch nicht flüchtige – Zukunft, verwundert auch nicht die wichtige Rolle, die das *investment* in Keynes Überlegungen spielt. Während Marx den Mehrwert etwa aus der Differenz von Gebrauchs- und Tauschwert bestimmt, fokussiert Keynes auf Investition und (damit zusammenhängend) Kredit. Beide, Investition und Kredit, funktionieren ebenfalls nur über Zirkulation, und zwar weil der Kreislauf des Kapitals quasi als Spirale verstanden werden kann. Das Kapital muss flüchtig und also in Bewegung bleiben, Kredit und Investment sind umso effektiver, je schneller der Zirkulationszyklus läuft. Wenn die Kapitalzyklen immer schneller werden, muss aber auch immer schneller verkauft werden. Folglich müssen dann auch technologische Güter entsprechend immer schneller erneuert und/oder geupdated werden. Was die Konsumentinnen dabei erhalten, hat zunehmend temporären Charakter. Die Flüchtigkeit der Produkte ist, mit Keynes verstanden, direkt proportional zur Schnelligkeit des Produktions- und Kapitalzyklus.

Parallel dazu wird aber auch ein Beschäftigungszyklus etabliert, in dem die Beschäftigten in den Produktions- und Konsumtionszyklus einbezogen sind, wie wir am Beispiel des Fordismus gesehen haben, mit seinen verhältnismäßig höheren Löhnen bei gleichzeitig fallenden Verkaufspreisen und rasant steigenden Produktionszahlen des Ford Modell T, dessen Abnehmer auch die beschäftigten, produzierenden und konsumierenden Arbeiterinnen selbst wurden. Angesichts der Rolle von Geld und von Preisen, die Keynes zufolge im Zirkulationszyklus stets die Tendenz haben zu steigen, setzte er dagegen auf Speicherung von Wert und Funktionen in Produkten. Produkte sind aber niemals dauerhaft ontologische Speicher, sondern immer nur Zwischenspeicher – und müssen auch darum stets in Bewegung gehalten werden.

Bis heute steht der Keynesianismus exemplarisch für eine seinerzeit kontraintuitive und nach wie vor vehement umkämpfte Sichtweise. Nicht zuletzt die Abkehr von der lange Zeit keynesianisch geprägten, expansiven, kreditbasierten Konjunkturpolitik der Nachkriegsjahrzehnte hat seit den 1970er Jahren die weltweite Vermögensungleichheit inzwischen wieder so groß werden lassen wie zuletzt im 19. Jahrhundert, worauf vor allem Thomas Piketty in durchaus keynesianischer (wie auch marxistischer) Tradition hingewiesen hat. Pikettys Ansicht, dass Beschäftigte nicht nur Konsumentinnen des von ihnen Produzierten sein, sondern sich auch »direkt an der Leitung der Unternehmen« beteiligen sollten, wird flankiert von der Forderung einer progressiven Vermögens- und Erbschaftssteuer mit dem Ziel, eine »dauerhafte Umverteilung von Eigentum und eine echte Zirkulation von Vermögen« zu erreichen, indem die »reichsten Privateigentümer [...] jedes Jahr einen Teil ihres Besitzes der Allgemeinheit [übertragen], damit das Vermögen zirkuliert«.[121] Der Schlüsselbegriff lautet also auch hier Zirkulation, mittels derer Eigentum sich lokal verflüchtigen und dafür andernorts wieder verfestigen soll: Nur »Eigentum auf Zeit lässt das Privateigentum zirkulieren und verhindert eine zu starke Konzentration von Vermögen über zu lange Zeit.«[122]

3. Ein Modell des spekulativen Kapitals

Aus unserem digitalen Zeitalter spekulativen Kapitals zurückblickend, können wir einen entscheidenden zeittheoretischen Punkt von Keynes so resümieren, dass es bei seinem Fokus auf das

Verhältnis von Gegenwart und Zukunft nicht primär darauf ankommt, was produziert wird, oder genauer: nicht darauf, was *gegenwärtig* produziert (und konsumiert) wird. Im Zentrum steht vielmehr das *in Zukunft* zu Produzierende. Eine Investition ist für Keynes somit eine – explizit nicht linear gedachte – Intervention in die (zukünftige) Zirkulation von Kapital. Die Investition operiert also in Rücksicht auf gesamtökonomische Zusammenhänge und mit Blick auf Zirkulation.

Im Anschluss an Keynes kommt schließlich vermehrt die Idee auf, dass neben der Investition auch der Kredit über Zirkulation funktioniere, und in der Folge werden auch Kredite zu Handelsgütern – mit den spätestens seit der Finanzkrise 2007/8 allseits bekannten Gefahren und Konsequenzen. Der Handel mit Krediten, die wir auch als ›negatives Geld‹ bezeichnen können, macht den entscheidenden Umschlagpunkt zum spekulativen Kapital deutlicher als Investments, deren ›positive‹ Logik noch nach dem linearen Muster verfährt: Je mehr investiert wird, desto mehr kommt heraus. Unter Maßgabe des linearen Modells ist der Kredit nichts als eine Schuld (deren zahlreiche Abgründe und Verwerfungen in den Romanen des 19. Jahrhunderts von Balzac bis Dostojewski und Zola in allen Facetten ausbuchstabiert worden sind). Im zirkulären Modell sind dann, wie anhand von Keynes gesehen, Kredit und Investment zunehmend gleichgestellt.

Was demgegenüber das spekulative Modell auszeichnet, ist der Umstand, dass hier kein Unterschied mehr zwischen Geld und Schulden (bzw. negativem Geld) besteht. Auch mit fallenden Kursen lässt sich Geld machen, und seit der mathematisch, technologisch wie politisch forcierten Durchsetzung von Derivatbörsen ab 1973 sogar ein Vielfaches mehr als mit sogenannten »realen« Werten. Zeitphilosophisch betrachtet, entsteht spekulatives Kapital genau an dem Punkt, an dem ein Zusammenhang zwischen Zirkulation und Progression gedacht wird, allerdings nicht mehr nach dem alten Schuldenmodell, demzufolge sich eine abzutragende Schuld von der Vergangenheit irgendwann bis in die Gegenwart schiebt. Kredit wird nun nicht mehr als etwas Vergangenes, sondern als auf die Zukunft hin aufgenommen gedacht.

In einem spekulativen oder derivativen Finanzparadigma sind Kreditschulden nicht primär Anlass, abgetragen zu werden, wichtiger ist es, sie in Bewegung zu halten. Was damit für eine philosophische Ökonomie der Flüchtigkeit bzw. für eine ephemerologisch informierte Ökonomik am Horizont erscheint, ist nicht weniger als – Nietzsche abwandelnd – eine Umwertung der Flüchtigkeitswerte[123] oder -pole, eine Positivsetzung der Negativseite von Flüchtigkeit. Lebensweltlich und mit Blick auch auf die realen Konsequenzen gesprochen: Wenn ich auf einen fallenden Kurs setze, dann setze ich etwa auf den kommenden Abbau einer Industrie, das baldige Ende einer Produktionsweise etc., also letztlich auf den (zukünftigen) Verschwindensaspekt von Verflüchtigung. Damit ist neuerdings auch das künftige Verschwinden bereits heute kapitalträchtig. Nicht umsonst sind inzwischen Kriege oftmals lukrative Angelegenheiten nicht nur für diejenigen, die unmittelbar profitieren – wie Rüstungs- oder Energiekonzerne –, und ist die ›negative‹ Spekulation umso erfolgreicher, je größer die Verluste eines absterbenden Industriezweigs oder einer zusammenbrechenden Volkswirtschaft sind, für die kein (anderer) Staat mehr Verantwortung übernimmt.

Offensichtlich haben wir auf diese Phänomene als Gesellschaft noch keine politisch adäquate Antwort in Form einer vergleichbar ›positiven‹ Alternative gefunden, wie die beständigen Appelle oder Fantasien einer ›negativen‹ Rückkehr zu (vermeintlich) stabilen ökonomischen und finanztechnologischen Hierarchien zeigen. Innerhalb des herrschenden »derivativen Paradigmas«[124] verschieben und verwirren sich jedenfalls die Zeitverhältnisse von Vergangenheit, Gegenwart und Zukunft unwiederbringlich. Das gilt exemplarisch für derivative Preise, die dem Ethnologen Arjun Appadurai zufolge »rückwirkend sämtliche ihrer Voraussetzungen schaffen, so dass sie selbst entstehen können, ohne auf irgendeine verlässliche Weise von ihnen ableitbar [derivable] zu sein. Der Preis basiert nicht auf einem erkennbaren Maßstab für einen früheren Wert [value], sondern ist der Mechanismus, durch den der Markt fortwährend die Vergangenheit überschreibt, und zwar in einer Weise, dass neue Preise festgelegt werden können und dadurch der Derivate-Markt in Bewegung bleibt.«[125]

Eine solche progressiv-retroaktive Performanz im Handel mit Derivaten macht diese laut dem bislang wichtigsten Philosophen des spekulativen Kapitals, dem ehemaligen Optionshändler Elie Ayache, im vollen Wortsinn zur paradigmatischen »Technologie der Zukunft«[126]. Und für uns stellt sich die Frage, ob wir mit Derivaten und der von ihnen zugleich notwendig vorberechneten wie absolut kontingenten Zukunft nicht auch einer radikal neuen Flüchtigkeit begegnen: und zwar nicht, wie im linearen Modell, einem Verschwinden der Gegenwart in die Vergangenheit oder, wie im Bewegungsmodell, einem Oszillieren zwischen beiden, sondern einer Flüchtigkeit der Zukunft.

IV. MANAGEMENT

SOUVERÄN IST, WER ÜBER DIE FLÜCHTIGKEIT ENTSCHEIDET

19. Umwertung der (ökonomischen) Werte

Wenn hier bislang davon die Rede war, dass in der Moderne Flüchtigkeit zunimmt, dann betrifft das auch deren Gestaltungsmöglichkeiten. Ließen sich im Zuge neuer medialer und industrieller Technologien im 19. und frühen 20. Jahrhundert sowie dann noch einmal verstärkt mit den digitalen Ökonomien des 21. Jahrhunderts steigende Konjunkturen der Flüchtigkeit konstatieren, bedeutet das immer zugleich auch die Suche nach einer zumindest reflexiven Distanz zu dieser Entwicklung. Wachsende Einsicht in die Flüchtigkeit der Welt ist in der Moderne untrennbar verbunden mit der Herausbildung entsprechender Umgangsweisen. Wir haben gesehen, wie Flüchtigkeit zunächst zu einer gefeierten ästhetischen Kategorie wurde, während man im ökonomisch-technischen Bereich Möglichkeiten ihrer Kapitalisierung entdeckt hat, deren Spektrum von der zunehmend rekursiven Serienproduktion bis zur maximalen Kontingenz digitaler Dinge reicht.

Anders als es uns eine lange von industrieller Fertigung dominierte Ära gelehrt hat, stehen am Beginn wirtschaftlichen Planens heute immer seltener die Erfindung und Entwicklung von Objekten, die es danach im Zeichen massenhafter Produktion und Distribution zu diversifizieren gilt. Die Konzepte der Finanzialisierung, eines derivativen Paradigmas oder einer spekulativen Ökonomie verweisen dagegen auf die Hypothese, dass wir heute mit einer Umwertung (nicht nur) der ökonomischen Werte konfrontiert sind, bei der nicht mehr lediglich unterschiedlich improvisierte Bändigungen einer gegenwärtigen Flüchtigkeit zukünftige Profite versprechen. Der spekulativen oder derivativen Umkehr traditioneller Chrono-Logik entspricht, dass die Flüchtigkeit der Zukunft selbst dazu genutzt werden kann, bereits in der Gegenwart Gewinne abzuwerfen.

Es ist eben diese Verfügungsmacht der heute hegemonialen Finanzspekulation über zukünftige Preise, der die alten industriellen Kräfte händeringend auch nur annähernd ähnlich effiziente Modelle an die Seite zu stellen versuchen (und dabei zunächst gerne auf anachronistische Strategien zur Profitabilisierung von Flüchtigkeit zurückgreifen, wie wir beispielhaft an der Modeindustrie gesehen haben). Denn naturgemäß ist eine solche Beherrschung der Gegenwart aus der Zukunft um vieles schwieriger im Bereich der materiellen Produktion. Gleichwohl bilden sich, wie wir etwa bei unserer Diskussion von Verknappungen und Narrationen gesehen haben, auch im Bereich der Güterwirtschaft neue Flüchtigkeitsbewältigungen heraus. Frei nach Carl Schmitt gilt hier aber nun ebenfalls: Souverän ist, wer über die Flüchtigkeit entscheidet – nicht wer sie verfestigen und zum Verschwinden bringen, sondern wer sie verstehen und zur Gestaltung seiner Welt fruchtbar und/oder profitabel machen kann.

Aber selbst dort, wo das in Einzelfällen noch gelingen mag, scheint es einer sich rasend verändernden Wirklichkeit nur gerade so abgerungen, ohne Verlass, dass sich der erzielte Erfolg noch beliebig lange fortsetzen ließe. So erklären sich nicht zuletzt auch die breitgestreuten Klagen in allen Bereichen des Managements (und zwar übrigens des industriellen wie des akademischen) über die rasant steigende Flüchtigkeit, den Bedeutungsverlust von in der Vergangenheit gesammelten Erfahrungen und die Verfallszeit erworbener Expertise. Denn auch ein Mehr an Wissen um Flüchtigkeit und eine damit zusammenhängende komplexe Vielfalt an in jeder Situation mitzubedenkenden und sich ständig verändernden Faktoren verringert oder entschärft diese nicht. (*Change management* meint von daher keinen abschließbaren Zyklus, sondern einen unendlichen Prozess: In unseren digitalen Welten sind wir andauernde *early adopter*, ohne dass später eine dauerhafte Konsolidierung zu erwarten wäre.) Oder wie es in einem einschlägigen Management-Ratgeber heißt: »Die Welt wird nicht komplexer, aber unser Verständnis der Komplexität der Welt wird komplexer.«[127] Wie aber ist das genau zu verstehen, dass nicht die zu managende Welt immer flüchtiger werde, sondern unser Verstehen von ihr? Was wäre ein flüchtiges Verstehen oder ein entsprechendes Flüchtigkeitsmanagement?

20. Flüchtigkeit und Komplexität – Muster im Rauschen

Eine (mutmaßlich) neutrale Sicht auf die Dinge stammt von Niklas Luhmann, demzufolge Realitäten grundsätzlich komplex sind und somit stets eher die Frage aufwerfen, welche Mechanismen der Komplexitätsreduktion oder Strukturierung von Unbestimmtheit zu einer bestimmten Zeit zur Verfügung stehen: »Und da auf Entscheidungen weitere Entscheidungen folgen werden und jede von ihnen eine noch ungewisse Zukunft konstruiert, kann man auch sagen, daß Planungen die Unbestimmtheit der Zukunft strukturieren; ja sie vergrößern die Unbestimmtheit sogar«.[128] Wie bereits festgestellt, erweisen sich in der digitalen und liquiden Moderne die linear und rekursiv seriellen Industriemodelle als zunehmend unzureichend, und zugleich häufen sich Beschwerden über eine generell anwachsende Komplexität und Flüchtigkeit diverser Lebensbereiche. Um diese aber tatsächlich einschätzen und bewerten zu können, bedarf es einer genaueren Betrachtung der einschlägigen Beschreibungen einer scheinbar wachsenden Schwierigkeit von Vorhersage, Planung und Entscheidung.

Ein erstes Beispiel betrifft die flüchtige Wirkung von Entscheidungen auf Grund ihrer beständigen Revidierbarkeit. Die Revision zentraler Entscheidungen gilt heute längst nicht mehr als gravierendes Vergehen, ist es doch letztlich die unvorhersehbare Welt selbst, die den unbeirrten Verbleib auf einem einmal eingeschlagenen Weg unmöglich oder zumindest unproduktiv macht. Einzelne Entscheidungen können allein für sich immer weniger bewirken, da sie nicht auf eingrenzbare Gegenstandsbereiche treffen, sondern auf Netzwerke und verkettete Strukturen, die wesentlich schwerer zu beeinflussen sind. Gegen politische wie ökonomische Entscheidungstheorien, die ihren Gegenstand »lediglich als rationale Ausführung wohlüberlegter Handlungsstrategien begreifen«, also de facto »immer noch geprägt von großer Unkenntnis seiner tatsächlichen Konstitutionsbedingungen« sind, wird in pragmatischen Ansätzen jüngster Zeit daher das Prinzip der »Narration zur elementaren Praktik der Wissensgenerierung.«[129]

In der Tat ist es so, dass sich zielführende oder erfolgreiche Entscheidungen immer weniger vergangenen Erfahrungen oder kulturellen Mustern verdanken. Anders gesagt und zeittheoretisch formuliert: Die Vergangenheit lässt sich nicht chronologisch linear in die Zukunft verlängern. Oder wieder anders: Vorausgesetzte Erfahrungswerte erlauben sehr oft keine erfolgversprechende Extrapolation auf kommende Herausforderungen, bzw. wie es der Coaching-Guru Marshall Goldsmith powerpointtauglich formuliert: *What Got You Here Won't Get You There*[130]. Bei dieser Problembeschreibung ansetzende Beschwerden über eine Zunahme an Flüchtigkeit führen indes kaum zu deren besserem Verständnis, beharren sie doch gerne auf inadäquaten und allzu bequemen Modellen der Komplexitätsreduktion.

In dem Maße, als die gewohnte – egal ob private, öffentliche oder geschäftliche – Umgebung nicht mehr in stabilen Mustern wahrgenommen wird und immer mehr Phänomene sich als vereinzelt und flüchtig erweisen, erschwert das gewiss auch Vorhersagen des weiteren Geschehens, die Planung strategischer Ziele oder Entscheidungen über das eigene Verhalten. Die von Fuller vor bald einem Jahrhundert konstatierte Ephemerisierung als Resultat der modernen Wissenstechnologien hat sich seither im intensivierenden Wechselspiel von Beschleunigung, Entmaterialisierung und Vernetzung nur noch verstärkt.[131] Im Bereich des betrieblichen Managements werden entsprechend erschwerte Rahmenbedingungen seit einigen Jahren unter den Stichworten »Volatilität«, »Ungewissheit«, »Komplexität« und »Ambiguität« diskutiert, kurz VUCA (*volatility*, *uncertainty*, *complexity*, *ambiguity*). Mit zunehmender Komplexität ist hier letztlich die Schwierigkeit gemeint, sichere und unzweideutige kausale Zusammenhänge zwischen Ursache und Wirkung herzustellen: »Die Vorstellung von linearer Kausalität stößt an ihre Grenzen«[132]. Im Sinne der Volatilität betrifft Flüchtigkeit hier ein ganzes Spektrum an statistischen und realen Abweichungen von Preisen und Werten: »Volatilität lässt sich als statistisches Maß definieren, das die Unsicherheit bezüglich der Größe von Veränderungen beschreibt. Quantifizieren kann man sie in der Statistik durch die Standardabweichung oder Varianz. Praktische Beispiele wären zunehmende Preisschwankungen auf den globalen Rohstoffmärkten oder Aktienmärkten. Eine hohe Volatilität zeigt sich an deutlichen Wertsprüngen im Zeitverlauf, die als Indikatoren für eine zunehmende Dynamik im Marktumfeld gelten können.« [133]

Als erstes Hilfsmittel in Richtung einer Verfestigung solcher in ständiger Bewegung befindlichen Situationen und einer sich insgesamt verflüchtigenden Welt wird heute oft auf computergestützte Modellierungen durch Big Data zurückgegriffen. Die algorithmische Mustererkennung im digitalen Rauschen liefert Neurowissenschaftlerïnnen und Verhaltensforscherïnnen dabei Erkenntnisse darüber, wie unser menschliches Abstraktions- und Handlungsvermögen in komplexen Kontexten funktioniert, und in der Folge etwa auch, wie wirtschaftliche Organisationen entsprechend effizienter und zielgerichteter aufzubauen wären. Und doch bleibt bei aller künstlich intelligenten Unterstützung noch genügend Unsicherheit übrig und steht es sogar in Zweifel, ob die digital-algorithmisierte Lebenswelt uns überhaupt mit besseren Informationen ausstattet als unsere prädigitalen Vorfahren, oder ob nicht vielmehr »die Allgegenwärtigkeit von Information zu einer höheren Unsicherheit führt, zu einer so endlosen wie vergeblichen Suche nach unstrittigen Entscheidungen«.[134] Ein konkreter Vorwurf lautet zudem, dass bei der digitalen Verarbeitung die Gefahr einer unproduktiven Musterbildung besteht. Geregelte

Planungsstrukturen, so die Organisationsforscherin Mariann Jelinek, »schaffen ein gemeinsames Denkmuster, wobei der Fokus ausdrücklich auf dem *Muster* liegt und nicht auf dem spezifischen Inhalt« – mit anderen Worten: Musterschüler*innen stechen nicht unbedingt durch ihre Kreativität hervor.[135]

21. Strategie oder Planung?

Die Probleme strategischer Planung gehen in jedem Fall viel weiter zurück, als dass sie bloß Resultat einer aufgrund der Digitalisierung zunehmend unüberschaubaren, überkomplexen und in diesem Sinn flüchtigen Umwelt wären. In einem berühmten Buch über *The Rise and Fall of Strategic Planning* hat der Managementforscher Henry Mintzberg schon in den 1990er Jahren verschiedene unzureichende (Selbst-)Beschreibungen der Arbeit von Managern gesammelt, so etwa die Vorstellung, dass »Planung bedeutet, die Zukunft zu kontrollieren – nicht nur darüber nachzudenken, sondern auch danach zu handeln«.[136] Was solchen Definitionen abgeht, ist ein klares Verständnis der für strategisches Planen zentralen Formalisierung, die Aspekte wie eine rationale Motivation, mathematische Zerlegung oder explizite Artikulation sämtlicher Planungsschritte umfasst. Stattdessen herrscht Mintzberg zufolge eine heillose Vermischung von eigentlich unabhängigen Phänomenen wie Strategien, Plänen oder Planungen, mit der sein Buch methodisch aufzuräumen versucht: »Demgegenüber wollen wir davon ausgehen, dass alle diese Begriffe voneinander unabhängig sein können: Eine Organisation kann planen (über ihre Zukunft nachdenken), ohne eine Planung durchzuführen (formales Verfahren), selbst wenn sie dabei Pläne hervorbringt (explizite Absichten); umgekehrt kann eine Organisation eine Planung vornehmen (formalisiertes Verfahren), dabei aber nicht planen (über ihre Zukunft nachdenken)«.[137]

Je mehr wir versuchen, Dinge zu verfestigen oder in starre Muster zu bringen, desto weniger sollten wir von Strategie sprechen. Je mehr dabei Aspekte wie Intuitionen, Visionen oder andere unkonventionelle Kognitionsformen verloren gehen, desto mehr wird Strategie zur Planung. Doch eine »Strategiefindung muss auch gegen den Strich funktionieren, ein informelles Lernen fördern, das neue Perspektiven und Kombinationen entstehen lässt. Wie man so sagt, ist das Leben größer als unsere Kategorien. Das Versagen der Planung, über diese Kategorien hinauszugehen, erklärt, warum sie keine ernsthaften organisatorischen Veränderungen bewirkt hat.«[138] Selbstverständlich hat auch Planung weiterhin eine betriebswirtschaftliche Bedeutung, etwa in der Prozesskontrolle oder Feinjustierung. Problematisch ist allerdings die drohende bzw. längst reale Ersetzung von Strategie durch Planung, da letztere über eine grundsätzlich geringere Resilienz und Flüchtigkeitskompetenz verfügt. Planung funktioniert also am ehesten in extrem statischen Kontexten, in denen sie einst perfektioniert wurde, die aber, wenn wir den Managerklagen glauben dürfen, in unserer immer flüchtigeren und kontingenteren Gegenwart kaum mehr anzutreffen sind.[139]

Betrachtet man die eigentliche *Natur der Managertätigkeit*, also *Was Manager tun* (so zwei weitere Buchtitel Mintzbergs[140]) und nicht, was sie zu tun meinen, dann zeigt sich ohnedies eine ziemliche Diskrepanz zwischen ventilierter Flüchtigkeitsphobie und praktizierter Flüchtigkeitskompetenz. Ganz entgegen dem offiziellen Planungsimperativ begegnen wir hier einer im Alltag geradezu an Baudelaires Dandy erinnernden *flanierenden Managerin*, die immens viel Zeit mit flüchtiger Kommunikation und Beobachtungen verbringt – die es dann strategisch umzudeuten und auszubuchstabieren gilt.

»›Ein Geschäftsmann darf kein Bürokrat sein!‹«, wusste schon Thomas Buddenbrook in Thomas Manns Roman über die gleichnamige Unternehmerfamilie, und »liebte es überhaupt, im täglichen Kampf um den Erfolg seine Person einzusetzen« – ohne dass ihm das letztlich gegen die romantische Künstlermetaphysik seines Autors und deren antiquierte Gegenüberstellung von ökonomischem Management und literarischem Schreiben etwas genützt hätte.[141] Schon im Erscheinungsjahr 1901 – und umso mehr ein weiteres Jahrhundert später – wäre aber nicht zuletzt an hybriden Phänomenen wie einer um sich greifenden Flüchtigkeit abzulesen, inwiefern eine solche simple Entgegensetzung an den neuen Realitäten scheitern musste. Und wir werden noch genauer sehen, inwieweit eine derartige Amalgamierung von wirtschaftlichen und ästhetischen Kompetenzen auch auf eine entsprechende poetische Fähigkeit zielt, neue (nicht nur ökonomische) Narrative herzustellen und glaubhaft zu machen.

22. Manifeste Agilität

Wie aber lassen sich angesichts zunehmender Komplexität und Flüchtigkeit noch belastbare unternehmerische Strategien entwickeln – die zudem ständiger Updates bedürfen, weil auch »Wettbewerbsvorteile flüchtig werden«[142] –, ohne dabei im starren Klein-Klein der Planung steckenzubleiben? Mintzberg und andere Managementtheoretikerïnnen gehen bezüglich einer solchen »Strategiebildung« (*strategy formation*) von einem notwendigen Grad an Fluidität aus: Die Strategie, die sich am Ende eines Projekts beobachten lässt, ist kaum je identisch mit der ursprünglich geplanten. Vielmehr fließen meist zwei Strategieformen zusammen, nämlich eine *deliberate strategy*, die man geplant und mit der man ein Projekt begonnen hat, sowie eine *emergent strategy*, die aus dem Verlauf der Projektentwicklung heraus situativ entsteht und sich, wenn überhaupt, oft erst im Nachhinein verstehen lässt. Was wir dann am Ende als etwas beobachten, das retrospektiv betrachtet – wenn auch nicht ›offensichtlich‹ – ein strategisches Manöver gewesen sein muss, das verdankt sich einem erfolgreichen Zusammenwirken des ursprünglich Geplanten mit den Ergebnissen einer sich an akuten Problemlösungen schärfenden situativen Intelligenz.

Wir haben es bei diesem strategischen Einsatz von Flüchtigkeit in Form eines rekursiven Bezugs auf den eigenen fluiden Arbeitsprozess mit einem Grundprinzip des sogenannten »agilen Managements« zu tun.[143] Agilität bedeutet hier etwa, dass Arbeitsprozesse zunehmend in kurzen »Sprints« durchgeführt werden, die bewusst darauf ausgelegt sind, kleine Schritte und Zwischenergebnisse zu produzieren, die gegebenenfalls wieder revidiert werden können (also quasi *Shortcut Action* anstelle von *Short Term Thinking* in Quartalszyklen, Legislaturperioden oder kleinlicher *Waterfall*-Planung – d. h. dem minutiösen Abarbeiten penibel geführter Pflichtenhefte): »Reagieren auf Veränderung ist wichtiger als das Befolgen eines Plans«, lautet ein zentraler Satz des *Manifests für agile Softwareentwicklung*.[144]

Das agile Management lässt sich davon vor allem in drei Aspekten inspirieren: 1) schnelle Loops oder rekursive Schleifen – das Nutzen von Betaversionen, Austesten von Modellen, die Verwendung minimal brauchbarer Produkte oder Ideen (*minimal viability*), der ständige Austausch mit Kundïnnen, Einbau von deren Feedback und entsprechende Anpassung, schnelles und laufendes Reagieren anstatt jahrelanger Entwicklung von Produkten vor dem Marktgang; 2) implementierendes Vorgehen – Zerlegung umfangreicher Planungsschritte in kleine Etappen und kurze Sprints; 3) Parallelisierung – kleine Teams, die gleichzeitig an Teilaufgaben arbeiten, anstatt sich nach klassisch-chronologischem Staffel-Prinzip abzulösen. Diese umfassende Agilität auf der Unternehmensseite kann als Flüchtigkeitsäquivalent zu den ständigen Updates, Reboots und Makeovers verstanden werden, die am Ende bei den Kundïnnen ankommen.

Wichtig ist an dieser Stelle noch festzuhalten, dass es sich bei dem in diesem Prozess entstehenden Wissen nicht um ein reflexives Metawissen über einzelne Dinge, Projekte, Unternehmen handelt, sondern um ein rekursives Wissen, das vorhandene Teile in ein Ganzes integriert. (Damit verbunden ist auch eine elastischere und in diesem Sinne flüchtigkeitsaffinere rekursive Temporalität anstelle eines linear-reflexiven Planungs-Zeitrahmens.) Das bedeutet freilich nicht, dass sich dieses in rekursiven Sprints erworbene strategische Wissen, außer immer wieder nur auf die eigenen Arbeitsprozesse rückbezogen zu werden, nicht trotzdem auch aus diesen extrahieren und in der Folge gesondert monetarisieren ließe. Eine Flut von »agilen« (nicht nur Business-)Ratgebern zeugt davon. Angesichts der letztlichen Unplanbarkeit von Innovation und Disruption wundert es allerdings kaum, dass in einschlägigen Kreisen inzwischen längst auch die Frage aufgekommen ist, ob man es mit der Agilität nicht etwas zu weit getrieben hat: *Have we taken agile too far?*[145]

23. Vorhersage ersetzt Strategie, oder: Präemption und Sabotage

Wie zuvor schon erwähnt, ist es – trotz offenkundiger Fallstricke – weiterhin ein beliebtes Mittel zur versuchten Eindämmung steigender Kontingenz, sich bei der unternehmerischen Entscheidungsfindung zunehmend auf maschinelle Analysen und computerisierte Vorhersagen zu verlassen. Indem aber dadurch eine isolierte Bearbeitung einzelner Planungsschritte immer weiter in den Hintergrund tritt, lautet ein verbreitetes Schlagwort in diesem Zusammenhang mittlerweile: *prediction replaces planning* – oder gravierender noch: Vorhersage ersetzt Strategie.

An dieser Stelle hilft es, die Begriffe »Vorhersage« (*prediction*) und »Planung« (*planning*) – sowie die mit ihnen verwandten »Prävention« und »Präemption« – kurz genauer zu betrachten. In der gängigen Managementtheorie verwies ja bereits die von Mintzberg festgestellte bedenkenlose Identifizierung von »Planungen« und »Plänen« auf ein mangelhaftes Begriffsverständnis. So erfolgreich die Planung als Prinzip der modernen Industrieproduktion gewesen sein mag, so problematisch erweist sich heute, dass die Rolle von Temporalität und zeitlicher Veränderung dabei kaum je ausreichend bedacht wurde. Obwohl es etwa in der industriellen Planung niemals bloß um die Umsetzung fertiger Pläne geht, spielt der Faktor Zeit meist nur insoweit eine Rolle, als er kontingenzfrei in die Produktionsbedingungen eingebunden werden kann bzw. muss, etwa als ein kontrollierbarer Störfaktor in der seriellen Produktion. Dieser Ausblendung von aus planungstechnischer Perspektive »bedrohlichen« Aspekten von Zeitlichkeit entspricht letztlich auch der Rückgriff auf Vorhersagen.

Tatsächlich ist die Präzision von Prognosen ja zeitlich stark limitiert. Selbst die mit avanciertester Computersimulation arbeitenden Wettervorhersagen erlauben »sichere« Prognosen eher im Zeithorizont von zwei Stunden als von zwei Tagen oder gar Wochen. Und wie wir alle wissen, hilft der Hinweis auf eine morgige Niederschlagswahrscheinlichkeit von 60 Prozent herzlich wenig bei der entsprechenden Nachmittagsplanung. »Auf Sicht fahren« bleibt also auch weiterhin die Devise, sprich: heute Abend, morgen früh und am besten auch mittags immer noch einmal die neuesten Vorhersagen konsultieren. Dort, wo mit keiner sicheren Abfolge von A-B-C zu planen ist, also die zukünftige Identität C zum Zeitpunkt A nicht festgestellt werden kann, hilft nur eine Annäherung mittels nochmaliger Berechnung zum Zeitpunkt B. Vorhersagen werden nur in dem Maße »präziser«, als die niemals vollständig einzuholende Differenz zwischen zukünftiger Gegenwart C (wie das Wetter morgen tatsächlich sein wird) und gegenwärtiger Zukunft (wie das morgige Wetter zum Zeitpunkt A oder B prognostiziert wird) auf einem linear gedachten Zeitstrahl zwischen

A und C kontinuierlich quantitativ abnimmt. Somit sind also Vorhersagen über die Zukunftsidentität C nur in dem Maße brauchbar, als uns möglichst viel gesicherte Vergangenheitsidentität A sowie eine möglichst nahe Gegenwartsidentität B zur Verfügung stehen.

Auf die mitunter leicht megalomanen Annahmen, trotz der eben skizzierten Schwierigkeiten schon zum Zeitpunkt A ein C setzen zu können, das notwendigerweise über B führt – letztlich also den Versuch, die Gegenwart ausreichend aus der Zukunft unter Druck zu setzen –, treffen wir hauptsächlich in einer negativen Variante. Nicht selten wird ja beim Versuch, etwas zu verhindern, die entsprechende Sache erst recht hergestellt oder zumindest die Gefahr ihrer Verwirklichung stark vergrößert. Neben *Prävention* (als negativer Form der Prädiktion oder Vorhersage) haben wir es hier also mit *Präemption* zu tun, die im 21. Jahrhundert zunächst in Form der präemptiven Kriegsführung traurige Berühmtheit erlangte. Denn die Politik des »Präemptivschlags«, die die US-Regierung unter George W. Bush bei der Invasion des Irak 2003 verfolgte, hat zwar die eigenen Falschbehauptungen über irakische Massenvernichtungswaffen nicht bestätigen können, aber dafür die dort eigentlich auszumerzenden Terroristen erst recht hervorgebracht. Seither wurde eine Vielzahl zeittheoretisch analoger Phänomene in verschiedensten Gesellschaftsbereichen (Prämediation, präemptive Persönlichkeit, proaktive Medizin etc.) als eine signifikante Dimension unserer zunehmend zeitkomplexen und durch algorithmische Zukunftsberechnungen beeinflussten Gegenwart aufgefasst.[146]

Präemptionen vollziehen sich also genaugenommen anhand zweier Bewegungen: Erstens findet eine Zeitverschiebung statt von einer negativen Zukunftsvorhersage auf das gegenwärtige Ergebnis, also von einer Zukunftsidentität auf eine Gegenwartsidentität. Zweitens wandelt sich das negative Vorzeichen – die intendierte Verhinderung der Prävention – in ein Positivum: Die Voraussetzung zukünftiger Terroristen, deren Angriffe man in der Gegenwart verhindern will, führt mit beunruhigender Verlässlichkeit erst zu ihrem Erstarken.

Für eine kritische Theorie des Kapitals haben die politischen Ökonomen Jonathan Nitzan und Shimshon Bichler analoge Prozesse innerhalb der Entwicklung von Preisen analysiert. Das betrifft nicht nur den Normalfall investorischer Praxis und die Frage, wieviel man *jetzt* für etwas zu zahlen bereit ist, um dafür *später* ein Mehr an Kapital zurückzuerhalten. Es betrifft auch die zuvor mit Boltanski und Esquerre diskutierte Frage nach der Gestaltung und Durchsetzung von Preisen. Denn: »Die aus dem Marketing stammenden *Pricing*-Techniken rücken von einer auf den Kosten [...] beruhenden Preisgestaltung ab und versuchen vor allem, die ›Zahlungsbereitschaft‹ des Konsumenten zu berücksichtigen, um eine ganze Skala von ›zumutbaren Preisen‹ zu erstellen, die für verschiedene ›Segmente‹ der potentiellen Zielgruppe auf unterschiedlichen Ebenen angesiedelt werden. Die Preisbildung wird so zu einem zentralen Bestandteil des ›strategischen Management‹, das von den Anbietern eingesetzt wird, um ein und denselben Artikel je nach Ort und Umständen der Transaktion zu ganz verschiedenen Preisen verkaufen zu können«.[147] Anders als Boltanski und Esquerre fokussieren Nitzan und Bichler in ihrer Analyse auf die Kategorien von sozialer und ökonomischer Macht, die es ermöglicht, Preise zu setzen. Eine weitere Rolle spielt dabei eine Sabotage auf Systemebene, die »sich in diversen gesellschaftlichen Gegebenheiten niederschlägt, etwa in Arbeitslosigkeit, Inflation, Lohnzurückhaltung, sozialer Anfälligkeit, Bildungspolitik, Einwanderungsbestimmungen usw.«[148]

So verstanden, ist Kapital weniger eine materielle Entität oder ein produktiver Prozess, sondern eine Macht zur Steuerung ökonomischer Produktion und sozialer Realitäten. Die logische Folge hieraus – dass sich nämlich auf dem (nur vermeintlich freien) Markt nicht automatisch die besten Produkte zu den kundïnnenfreundlichsten Preisen durchsetzen – ist aber keinesfalls nur eine radikale Nischenansicht kapitalismuskritischer Theoretiker. Auch im wirtschaftspolitischen Mainstream und in einflussreichen Kreisen des Silicon Valley wird heute zunehmend der Verdacht laut, dass die monopolistischen Tendenzen der großen Technologieunternehmen keineswegs innovationsgetrieben im Dienste der Konsumentïnnen stehen und diese Firmen gerade nicht an der kompetitiven Durchsetzung immer besserer Produkte interessiert sind (von demokratiepolitischen Gefahren in Bezug auf Überwachung, systematische Falschinformation, den Umgang mit Daten etc. einmal ganz zu schweigen). Was einst nach der kartellrechtlichen Zerschlagung von John D. Rockefellers Standard Oil Company 1911 oder des US-Telekommunikationsmonopolisten AT&T 1982 zu einem wenigstens etwas befreiteren Wettbewerb unterschiedlicher Unternehmen führte – das steht heute auch für Digitalkonzerne wie die Facebook-Mutter Meta im Raum.

Für unsere ursprüngliche (managementtheoretische) Fragestellung nach probaten Umgangsweisen mit ökonomischer Flüchtigkeit, also nach dem Verhältnis von (erschwerter) Planung und (bevorzugter) Beeinflussung der wirtschaftlichen Zukunft hat der Ökonom John Kenneth Galbraith schon 1967 einen zentralen Verdacht untermauert. In seinem Buch *Die moderne Industriegesellschaft* führt der langjährige Berater der US-Präsidenten Kennedy und Johnson aus, dass »Planung« für große Firmen zuweilen gerade nicht bedeutet, den Markt besser zu verstehen und sich dadurch im Konkurrenzkampf durchzusetzen (wie es die Fundamentalist'innen des freien Markts so gerne behaupten), sondern vielmehr die Bedingungen freien Marktzugangs und von Konkurrenz insgesamt auszusetzen. Wenn der Markt unvorhersehbar oder unzuverlässig ist, dann erschwert das Unternehmen die Planung. Daher »besteht ein Großteil dessen, was ein Unternehmen als Planung betrachtet, darin, Markteinflüsse zu minimieren oder loszuwerden«.[149]

Der geheime Plan von *Big Business* wäre also – ob bewusst oder unbewusst – die Ausschaltung von störenden Rahmenbedingungen und Konkurrenz, wie sie das Narrativ des Markts verkörpert. Auf der Ebene dieser Narration also können wir sagen, dass letztlich nicht nur die Märkte selbst, sondern auch die dominanten Erzählungen über ihre vermeintliche Freiheit und Transparenz höchst unverlässlich sind, was ihre dominanten Akteure zu dem macht, was die moderne Erzähltheorie »unzuverlässige Erzähler« nennt.

Ephemerologie 4
Ein spekulatives Zeitmodell von Flüchtigkeit

Für die Veranlassung, unter den Bedingungen der Digitalisierung nach einem dritten Funktionsmodell von Flüchtigkeit zu suchen, haben wir in den vorigen Ephemerologien bereits verschiedene Indizien gesammelt. Dazu zählten auf der technologischen Ebene die Verwendung von Updates oder die Auflösung von Speichern. Im ökonomischen Bereich sind wir inzwischen der präemptiven Setzung von Preisen und vor allem der derivativen Finanzspekulation begegnet, die durch ihre Verflüchtigung der Zukunft die Möglichkeit einer (zumindest teilweisen) Auflösung jener Bipolarität nahelegt, die die beiden anderen Modelle auszeichnete – und zwar durch eine Umwertung des negativen Pols: Derivatives Kapital wettet auf zukünftige Preise, vermag aber Renditen nicht nur mit dem Eintreffen einer bestimmten Vorhersage zu erzielen, sondern auch mit deren Nichteintreffen, sodass folglich auch dieser negative Pol ökonomisch positiv zu bewerten ist.

Betrachten wir noch einmal eine unserer Ausgangshypothesen, nämlich eine die Moderne kennzeichnende, zunehmende Chronologisierung ontologischer Kategorien. Vor dem Hintergrund unserer Frage nach einem dritten, temporalen Modell von Flüchtigkeit können wir diesem Gedanken neue Facetten abgewinnen. Da eine Verzeitlichung oder Historisierung vormals überzeitlicher Ideen und Ideale oft mit einer zunehmenden Materialisierung einhergeht, lässt das auch eine überraschende Schlussfolgerung in Bezug auf Flüchtigkeit zu. Ein Bewusstwerden von Flüchtigkeit im Sinne eines Verschwindens der Gegenwart in Richtung Vergangenheit widerspricht unserem ebenso gewohnten wie meist impliziten Verständnis des Verlaufens der Zeit von der Vergangenheit über die Gegenwart in Richtung Zukunft. Eine erste neue Facette der Chronologisierungsthese lautet also, dass eines ihrer wichtigsten Anschauungsobjekte – nämlich ein modernes Verständnis von Flüchtigkeit – im Widerspruch zu einer uns natürlich erscheinenden Vorstellung von Chronologie steht.

Mit Blick auf unterschiedliche Funktionsmodelle von Flüchtigkeit formuliert, bedeutet das: Schon ansatzweise im linearen, deutlicher noch im Bewegungsmodell und vor allem in den neuen Flüchtigkeitsphänomenen der digitalen Ökonomie zeigt sich immer klarer eine alternative Orientierung der Zeit. Bereits im Motiv der Vergänglichkeit denkt die Phänomenologie des Flüchtigen den Zeitstrahl immer in Richtung Vergangenheit, erst recht aber mit der Verzeitlichung ontologischer Kategorien beginnt eine sich zunehmend rekursiv auf sich selbst beziehende Flüchtigkeit dem von ihr operabel gemachten kontraintuitiven – und zudem im Widerspruch zu unserer menschlichen Chronobiologie stehenden – Zeitverständnis auf die Spur zu kommen.

Zeitphilosophisch auf den Punkt gebracht, steht dieses zunehmende Flüchtigkeitsbewusstsein somit für eine zunächst noch diffuse Einsicht in die Tatsache, dass die Zeit nicht eindeutig gerichtet ist. Mit dieser Diffusität verbunden ist zugleich eine lange Geschichte der Melancholie – beginnend bei mehreren Jahrhunderten (wenn nicht Jahrtausenden) von Vergänglichkeitsklagen und schließlich verstärkt durch massive Beschleunigungsängste der Moderne –, und zwar das inhärent nostalgische Missverständnis, wonach Flüchtigkeit stets in einem Verlust der Gegenwart zugunsten der Vergangenheit resultiert, worauf erst die digitale Spekulation des 21. Jahrhunderts eine neue Wette setzt: Was, wenn sich Flüchtigkeit nunmehr zwischen Gegenwart und Zukunft ereignet und mit der flüchtigen Zukunft auch eine produktive Gegenwart zu erlangen wäre?

Resümieren wir noch einmal die bisherigen ephemerologischen Überlegungen. Nachdem wir aus der Phänomenologie moderner Flüchtigkeit zunächst die zwei bipolaren Funktionsmodelle von Linearität und Bewegung entwickelt haben, ist in der Folge auch schon eine gewissermaßen ontologische Bewertung der jeweiligen zwei Pole mit Blick auf Flüchtigkeit zur Sprache gekommen: Einen jeweils positiven Pol bilden also entsprechend Freisetzung und Zirkulation, an den demgegenüber negativen gehören Arretierung und Speicherung. Was aber nun, wenn ein mögliches drittes Modell auch deswegen so schwer aufzufinden ist, weil Flüchtigkeit in spekulativen Zeiten scheinbar ungehindert wirksam ist?

Wir konnten beobachten, dass Spekulation – im Unterschied zu den beiden anderen Modellen – keinen negativen Pol mehr zu haben scheint, der ihrer Flüchtigkeit etwas entgegenzusetzen versucht, sondern diese vielmehr voll zu sich kommen lässt. Indem spekulatives Finanzkapital auch mit fallenden Kursen und radikal verflüchtigten Werten problemlos Gewinn erzielen kann, ohne dass es irgendeine Veranlassung gäbe, dieser Verflüchtigung noch irgendwie entgegenzuwirken, legt das die Versuchung nahe, von einer ›reinen Flüchtigkeit‹ zu sprechen – mit all den inzwischen hinreichend bekannten und vielbeklagten Konsequenzen, die eine solche ungezügelte, nicht mehr zu arretierende oder zu speichernde (zugleich aber immer weitgehender monetarisierbare und sich letztlich als Kapital verfestigende) Flüchtigkeit der Finanzspekulation für unsere Volkswirtschaften hat.

Während im linearen Modell etwa bei Baudelaire mit Mitteln der Kunst gerade die flüchtigste Gegenwart zu einer Ewigkeit werden soll, um nicht einfach in die Vergangenheit zu versinken, operiert das Bewegungsmodell rekursiv zwischen den Zeitpolen Gegenwart und Vergangenheit. Durch Spekulation wird nunmehr – und mit transparent gewordener Umkehr der Zeitrichtung – eine weitere Option deutlich, nämlich die Verflüchtigung der Zukunft in Richtung Gegenwart, wenn wir annehmen, dass Spekulation die Zukunft für einen Moment lang einfängt und dann wieder vergehen lässt. Zunächst mag es paradox erscheinen, dass dadurch erst eigentlich Flüchtigkeit in der Gegenwart zu beobachten ist, und zwar nicht mehr wie früher als Verschwinden in die Vergangenheit, sondern als Ankunft aus der Zukunft. Das würde auch erklären, warum heute in unzählbaren Aufrufen zu Entschleunigung, Achtsamkeit und Resonanz all die Melancholiker der Gegenwart deren Verschwinden beklagen, wie es früher nur die Nostalgikerinnen und Konservatoren der Vergangenheit zu tun pflegten.

Wenn wir also nun auch die Spekulation als Funktionsmodell von Flüchtigkeit fassen, hat dieses zwar weiterhin zwei Zeitpole (Gegenwart und Zukunft), aber nur noch eine Art von ontologischem oder Seinspol, nämlich einen positiven: In diesem Sinne hätten wir es hier also mit einer reinen, ungebremsten Flüchtigkeit zu tun. Was ihre Funktionsweise angeht, können wir diese nach der Serialisierung des linearen Modells und der Rekursion des Bewegungsmodells am besten als *Akzeleration*[150] beschreiben: Je schneller spekulative Zukünfte entstehen, desto schneller verschwinden sie auch wieder.

Wie wir allerdings gesehen haben, geht mit dieser Akzeleration von Flüchtigkeit an Spekulationsmärkten eine ebenso beschleunigte Konzentration von Kapital und Vermögen einher. Mit der ›reinen‹ Verflüchtigung der Spekulation korreliert also gewissermaßen eine ›unreine‹ Entflüchtigung des Kapitals. Deswegen empfehlen Ökonomen wie Thomas Piketty hier als Gegenmittel zu dem, was wir eine einseitige Arretierung oder Speicherung von Kapital nennen können, explizit dessen verstärkte »Zirkulation«[151] – und damit auch seine Freisetzung.

V. POETIK

NEUES ERZÄHLEN UND ZUKÜNFTIGE IDENTITÄTEN

24. Schnelles Erzählen

Den vielleicht prägnantesten der vier kurzen Leitsätze des ein neues Management-Paradigma markierenden *Manifests für agile Softwareentwicklung* haben wir bereits zitiert: »Reagieren auf Veränderung ist wichtiger als das Befolgen eines Plans.«[152] Der neben dem Engineering vor allem im Salesbereich auch mit ähnlichen Ansätzen wie dem *Design Thinking* verbundene Dominantenwechsel gegenüber traditionellen Management-Ansätzen mit ihrer Priorisierung langfristiger Planung ist offensichtlich. Letzteren wird schon lange eine mitunter magisch-rituelle – oder handelt es sich schlicht um eine ideologische? – Dimension zugesprochen, so etwa in einem Aufsatz aus den 1980er Jahren: »Wir sind der Auffassung, dass die Faszination von Managern für die magischen Riten von langfristiger Planung, Prognose und anderen zukunftsorientierten Praktiken Ausdruck eines von Ängsten befreienden abergläubischen Verhaltens ist, und dass Prognose und Planung die gleiche Funktion haben wie magische Rituale«.[153] Demgegenüber setzt das an den Erfahrungen der Software-Entwicklung geschulte agile Paradigma, wie wir gesehen haben, auf vermeintlich undogmatisch gestaltete dynamische Prozesse – inklusive tastendem Vor- und Zurückgehen sowie zunehmender Akzeptanz von Unfertigem –, die selbst gar nicht so neu sind, sondern bisweilen an die Akzeptanz ästhetischer Praktiken wie Fragment oder Skizze erinnern, wie sie seit der

Epoche der Romantik verbreitet sind und in der modernen Kunst endgültig nobilitiert wurden, in der es mitunter auch nicht mehr darum geht, mit irgendetwas fertig zu werden, sondern stattdessen immer nur das nächste Unfertige hervorzubringen.

Wir konnten bereits feststellen, dass der Zweifel an rationalen Entscheidungskriterien in neueren Managementtheorien zumindest die Tendenz verstärkt, auf pragmatischere Verfahren wie die Erzählung umzuschwenken. In diesem Kontext tragen die immer kürzeren und flüchtigeren Planungszyklen zunehmend Titel, die aus dem Feld des Literarischen übernommen wurden: *epic, narration, story* etc. Obwohl – oder gerade weil – es sich dabei um eine eher unpräzise und, wie wir sehen werden, zuweilen durchaus widersprüchliche Verwendung von in der Erzähltheorie stark ausdifferenzierten Konzepten handelt, lohnt es sich dennoch, dieser Fährte nachzugehen.

Bereits um 335 vor unserer Zeitrechnung beschrieb Aristoteles in seiner *Poetik* die zusammenhangstiftende Kraft von Erzählungen (griech. *mythos*) anhand der Funktion, flüchtige Einzelereignisse durch Narrativierung zu entflüchtigen. Diese formal zusammenhangstiftende Funktion ist überhaupt erst die Voraussetzung für jene inhaltlichen Erzählbögen, die offensichtlich im Marketingbereich eine hohe Attraktivität ausüben, wofür in der Managementliteratur zur Veranschaulichung gerne die Sortimententwicklungen einer bekannten Fastfoodkette herangezogen werden: »McDonald's' Einführung des Egg McMuffin hatte Erfolg, weil sich das neue Angebot in die bisherige Ausrichtung einfügte«[154]. Wobei es zur Erschließung neuer Absatzmärkte freilich immer auch darum geht, das eigene Narrativ zu erweitern oder neue

Narrative zu entwickeln – egal wie fiktional das Gesundheitsprogramm *Salads plus* oder die Nachhaltigkeit des rein pflanzlichen Burgerpatties eines *McPlant* auch sein mag. Entscheidend bleibt aber natürlich, dass das neue oder erweiterte Narrativ weiterhin zum bekannten Markenkern passt, sonst droht das Unternehmen, seiner bisherigen Kundschaft verlustig zu gehen.

Erzählungen beeinflussen die Wirtschaft jedenfalls viel stärker, als man gemeinhin annehmen würde. Gegenwärtig wird dieser Umstand aus diversen Gründen besonders virulent. Zunächst einmal, weil die Gegenstandsbereiche der Ökonomie einander zunehmend durchdringen und keinen klaren Industriezweigen, Branchengrenzen oder Technologie-Clustern mehr folgen. Was sich trotz immer größerer Rechnerleistungen kaum noch formalisieren oder quantitativ erfassen lässt, wird also versucht, erzählerisch greifbar – und dadurch zugleich unangreifbarer – zu machen, so der Ökonom Robert Shiller: »Häufig werden Daten und Fakten ins Feld geführt, um ein Narrativ zu widerlegen. Bloße Fakten bilden aber kein Narrativ. Es fehlt die Story dahinter, die große erklärende Erzählung, die wirkmächtigen Bilder. Fakten allein können kein Narrativ stoppen.«[155] Die zentrale Bedeutung von Erzählungen führt auch bei theoretisch avancierteren Unternehmensberatungen zu dem Versuch, Ökonomie verstärkt mit Mitteln der Poetik zu analysieren, deren konzeptuelle Instrumente es ermöglichen, flüchtige Phänomene bzw. das Phänomen der Flüchtigkeit besser zu verstehen.

Zweitens können im Zeitalter der Digitalisierung und sozialer Medien Erzählungen nicht nur leichter entstehen, sondern sie verbreiten sich auch viel schneller als früher. Ihre Viralität bringt allerdings eine erhöhte Mutationsfähigkeit mit sich, vergrößert also wiederum ihre Flüchtigkeit. An dieser Stelle erweist sich somit auch aus poeto-ökonomischer Perspektive die Narration als eine – dem Oszillieren von Flüchtigkeit durchaus affine – ambivalente Macht, die einerseits Flüchtiges binden (arretieren oder speichern) und dadurch Zusammenhang stiften soll, die aber zugleich immer neue Bedeutungen annehmen, Verbindungen eingehen und grenzenlos zirkulieren kann. Auch Narrationen selbst unterliegen also Verflüchtigung und setzen Flüchtigkeit frei.

Einen dritten, radikalen Zusammenhang zwischen wirtschaftlichen (Planungs-)Entscheidungen und (retrospektivem) Erzählen hat der Organisationsforscher Karl E. Weick formuliert. Unter Bezugnahme auf Mintzberg und mit an Übertreibung grenzender Deutlichkeit unter Überschriften wie »Jeder Manager ist ein Autor« oder auch »Jeder Manager ist ein Historiker« unterscheidet er zwei Arten von Entscheidungsfindung, eine »prospektive« und eine »retrospektive«: »Menschen sind entweder von Anfang an entscheidungsfreudig, probieren viel aus, lernen aus ihren Fehlern und erreichen schließlich ein Ergebnis; oder sie beginnen mit dem Ergebnis und rekonstruieren von dort aus eine Geschichte [history], die zusammenfasst, was sie gelernt haben, indem sie das Gelernte in einer einzigen Erzählung aneinanderreihen. Im Rückblick sieht diese Geschichte bei jedem Schritt konzentrierter, effizienter und erkenntnisreicher aus als zu dem Zeitpunkt, als sie erlebt wurde.«[156]

25. Positionslichter, oder: Rückwärts erzählen

Offensichtlich ist sowohl beim Erzählen als auch beim Management alles eine Frage des Timings, lauert doch stets etwa die Gefahr, zu schnell oder zu langsam zu sein, etwas zu voreilig oder zu zögerlich zu kommunizieren. Auch ein Produkt lässt sich überstürzt oder verspätet auf den Markt bringen, ebenso der Spannungsbogen einer Geschichte durch zu frühe Auflösung zerstören wie umgekehrt die Leserïn durch nachträgliche Erklärungen ermüden. Zudem sind es oftmals flüchtigste Details, die etwa – wie jeder Krimi-Liebhaber weiß – die Lösung des Geheimnisses bergen oder – wie jede Marketingstrategin wird berichten können – über das Schicksal eines Produkts entscheiden.

Jenseits all dieser ebenso erzähltheoretisch wie vermarktungspraktisch relevanten Aspekte stellt sich die Frage nach Narration und Zeit aber noch auf fundamentalere Weise, und zwar in Bezug auf die grundsätzliche Ausrichtung des Erzählens selbst. Beginnen wir bei einem diesbezüglich zentralen Moment, nämlich der narrativen Rückschau auf ansonsten sich verflüchtigende Details, worauf wir auch im Managementbereich des Öfteren gestoßen sind. Retrospektives *Process Tracking* hat sich – trotz seiner Langwierigkeit und am Ende doch immer vergleichsweisen Unattraktivität gegenüber verheißungsvolleren Zukunftssignalen – als eine profitable Extraktion von Informationen darüber erwiesen, was in einer Wertschöpfungskette funktioniert hat oder nicht, und wird rückwirkend mittels maximaler Datenakkumulation und *Big Computation* durchgeführt.

Diese retrospektive Dimension des *Nach*-Erzählens ist aber auch auf andere Weise in einigen der erfolgreichsten Managementmodelle der vergangenen Jahre geradezu programmatisch geworden. Als zentrale Strategie des Onlinehändlers Amazon wurde ein sogenanntes »working backwards from the customer« bekannt[157], das vom vermeintlichen Ziel des Kundennutzens ausgehend mittels fiktionaler Pressemitteilungen einen Weg zurück in die tatsächliche Realität beschreitet, den es dann als *Realisierungsweg* auch wieder in Richtung Ziel zurückzulegen gilt. Dieses formale *working* oder *thinking backwards* darf freilich nicht mit einem inhaltlich rückwärtsgewandten Denken verwechselt werden, zielt es doch letztlich gerade auf andere und lukrative Zukünfte: »Rückwärts arbeiten, um vorwärts zu kommen«.[158] Selbstverständlich ist ein solches Rückwärtsdenken nicht auf Amazon beschränkt, auch bei der Tech-Innovationssparte des Alphabet-Konzerns, dem ehemaligen Google X, geht man ähnlich vor: Man beschreibt ein Zukunftsszenario und überlegt sich anschließend, was davon definitiv nicht zu realisieren ist – alles andere erscheint damit prinzipiell machbar(er). Man könnte derlei Verfahren auch als »schrittweise De-Ephemerisierung«[159] bzw. als Entflüchtigungsstrategien bezeichnen.

Ein letztes Stichwort in diesem Kontext nachträglicher oder auch achronologischer erzählerischer Verkettung von Flüchtigem betrifft das, was man »Positionslichter«[160] nennen könnte (auf Englisch spricht man hier auch vom *North Star* oder von *moonshot goals*): Wie weit entfernte Scheinwerfer oder Leuchttürme sollen sie als spekulativ-strategische, aus der Zukunft leitende Wegmarken dazu taugen, überhaupt erst eine gewisse

Beständigkeit und Motivation in ansonsten langweilige, veraltete und – weil viel zu chronologisch gedacht – zum Scheitern verurteilte Strategien, Pläne und Narrative zu bringen. Positionslichter sollen dabei helfen, die richtige Distanz, einen oft erst gegen zahlreiche Widerstände herstellbaren Abstand zu den Dingen zu gewinnen, um der notorischen Flüchtigkeit des Klein-Klein etwas entgegenzusetzen. In dem Maße, als angesichts operativer Abhängigkeiten und Interdependenzen bei der Ausarbeitung einer Marktstrategie deren Zeithorizonte sich immer weiter reduzieren – ja etwa im Highspeed-Trading allenfalls vorhandene Strategien sogar millisekündlich obsolet werden –, bieten sich zur Orientierung zeitlich wie räumlich weitest entfernte Positionslichter an, die darum nicht selten erst einmal fern jedes gesunden Menschenverstands erscheinen können.

Auch hierfür gibt es mit Calico (»California Life Company«) eine beispielhafte – wenn auch ökonomisch erfolglose – Abteilung bei Alphabet. Deren Mission, »unser Verständnis für die Biologie der Lebensdauer zu erweitern«[161], führte dann auf dem Cover der Zeitschrift *Time* zu dem dort gerade noch als rhetorische Frage kaschierten Positionslicht: »Can Google Solve Death?«[162] Einsamer Weltrekordhalter unter den Olympioniken der Disziplin ist aber unbestritten Tesla- und SpaceX-Gründer Elon Musk, dessen Losung »Occupy Mars«[163] einen einstweilen unerreichbar weit entfernten Leuchtturm aufgestellt hat. Derartige *mars shot goals* sollen dem eigenen Handeln Richtung und Sinn verleihen, die es sonst womöglich nicht hat (oder angesichts der Flüchtigkeit alles Irdischen gar nicht haben kann) – durchaus auch nach dem Slogan »Fake it till you make it«. Positionslichter simulieren also eine Orientierung, ganz egal was sonst um mich herum im Universum passiert, oder von welchen Problemen mit dem Schlachtruf »Metaverse!« abgelenkt werden soll.[164]

26. Verkürzte Geschichten (Gegenwart, Vergangenheit, Zukunft)

»Innovation liegt nicht im Technischen, sondern im Kontextuellen.«[165] Diese These des Wirtschaftsphilosophen Birger Priddat ist so wörtlich wie möglich zu nehmen. Denn es sind die uns umgebenden, kon-textuellen Geschichten und Narrative, die immer wieder neue Variationen und Inszenierungen und in diesem Sinne (vermeintlich) neue Produkte hervorbringen: »Es zeigt sich, dass die ältere Vorstellung, Innovationen seien Erfindungen der Ingenieure/Unternehmer, aus der Hochzeit der Industrialisierung herrührt. Da das Neue als materiales Produkt einherkam, blieb sein ideelles Moment unterbelichtet. Die Form des Produktes aber war, fast platonisch, das Bild, die Idee des neuen Produktes, oder des neuen Gebrauchs eines alten Produktes oder des zusätzlichen Aspektes eines bekannten Produktes. Vieles, was neu erscheint, ist nur Variante. [...] Die *emerging markets* müssen, um stabil zu bleiben, ihre Angebote selber variieren: Das Produkt muss, als das Gleiche, immer wieder neu angeboten werden als das Andere.«[166]

Freilich zeichnet sich ein solches Erzählverständnis durch einen äußerst begrenzten Zukunftsbezug aus. Dabei verbindet sich ein kurzsichtiges Interesse an Gewinnen mit einem ebenso kurzsichtigen Blick auf die Gegenwart (und, wie wir gleich sehen werden, mit einem weiten Blick in die Vergangenheit). Produkte müssen eine Geschichte erzählen, eine *story* haben, ein Narrativ für uns entwickeln: *Wenn mann in einen Baumarkt geht, um sagen wir Schrauben zu kaufen, dann wird er wohl auch bohren wollen oder zumindest ein Heimwerker zu sein vorgeben oder gar ein Baumeister*. Folglich sind solche Verkaufsorte de facto als eine Kette von »Nanomärkten« (Dimitrij Naumov) aufgebaut, in denen mann (wie frau) sich für ihre insgeheim gewünschten oder unbewusst erträumten Selbstbilder ausstatten können. Das als eine Geschichte inszenierte Konsumerlebnis hat hier die Funktion, die in der Moderne historisch verlorene Erzählbarkeit von Erfahrung zu kompensieren – oder zumindest zu kaschieren. Denn diese Erfahrung kann nicht frei zirkulieren, wofür doch eine Voraussetzung der Austausch und die Sedimentierung oder Speicherung von Gemeinsamem wäre. In der kommerziellen Semi-Reanimation von Erfahrungszählungen werden die Einkaufserlebnisse der Konsumentinnen sehr einseitig hauptsächlich von den Unternehmen als Feedbackgeschichten zur Profitsteigerung ausgewertet.

Weniger in der Gegenwart festgefahren, dafür umso weiter in die Vergangenheit ausholend, ist dagegen ein anderes ökonomisches Erzähldispositiv, dem wir schon im Kontext postindustrieller Preisgestaltung begegnet sind. Für eine Ökonomie der Be-/Anreicherung der Gegenwart ist ihre erzählerische Herleitung unabdingbar. Und die naheliegendste Form einer Anreicherung der Gegenwart ist diejenige mit einer fiktiven Vergangenheit, denn diese Bereicherung geht naturgemäß auf Kosten, wenn nicht der Vergangenheit (und Zukunft), so doch der historisch angenommenen Wahrheit. Da eine »Bereicherungsökonomie vor allem auf der Ausschlachtung [l'exploitation] der Vergangenheit beruht«, schreiben Boltanski und Esquerre weiter: »Die Produkte der Bereicherungsökonomie gelten nämlich nur als gelungen, wenn ›Zeitgemäßes‹ und ›Tradition‹ in ihnen ein Bündnis eingegangen sind, das heißt, wenn eine Geschichte verfasst worden ist, welche die Gegenwart in der Vergangenheit verankert, als wenn die Produkte auch der neuesten Marken sich mit Sicherheit in der Vergangenheit verankern lassen würden. Hätten sie lediglich eine Verbindung zur Gegenwart, wären die Objekte an die Vorstellung von Wegwerfbarkeit gekoppelt, das heißt, sie wären zeitgebunden und könnten aus der Mode kommen; würden sie lediglich aus der Vergangenheit stammen, wären sie bereits Abfall oder ›veraltet‹, das heißt altmodisch.«[167]

Exemplarisch für dieses »Bündnis« aus Zeitgemäßem und Tradition steht etwa eine Marke wie Gucci, die in unzähligen Anzeigen und Kampagnen mit der immergleichen Formel einer Mischung aus Tradition und Moderne, Handwerk und Innovation beworben wird (sowie natürlich ausreichend hollywoodreifen Familienskandalen)[168]. Der Effekt eines solchen eindimensionalen Bezugs der Gegenwart auf die Vergangenheit ist oftmals so ökonomisch erfolgreich wie erzähltechnisch unbefriedigend. Zukunft kommt dabei nur insofern ins Spiel, als implizit das Versprechen abgegeben wird, die hohe Investition würde sich langfristig lohnen, also auch für die Kundschaft ökonomischen Erfolg bedeuten. Dies ist offensichtlich meist ebenso verlogen wie die Aussicht, mit den Luxusprodukten zeitlos haltbare Unikate am Körper zu tragen, oder – etwas milder formuliert – ebenso fiktiv wie der

Glaube, damit an der überzeitlichen Lederexpertise von Guccio Gucci, den Fratelli Prada oder von Louis Vuitton zu partizipieren.

Jenseits aller inhaltlichen Polemik und mit Blick auf den Einsatz von Erzählverfahren im Umgang mit Flüchtigkeit ist aber noch ein anderer, formaler Aspekt hervorzuheben. Das narrative wie narrationstheoretische Defizit solchen Erzählens besteht nicht einfach darin, dass es die Gegenwart mit (teils fiktiver) Vergangenheit auflädt, sondern dass es keinerlei Zukunft herstellt. Statt tatsächlich zu erzählen, also narrativ fortzuschreiten und Neues zu entwickeln, wird lediglich Vergangenes modifiziert und aufgewärmt – aber offenbar wenigstens mit schlechtem Gewissen, denn sonst müsste ja nicht so penetrant auf die einzigartige Qualität und Innovation der tatsächlich gar nicht so neuartigen Produkte verwiesen werden. Und in dem Maße, als man eben nicht im emphatischen Sinne erzählt, sondern höchstens alte Erzählungen recycelt, wird hier auch keine Fiktion hergestellt, sondern allenfalls Fiktives aufgetischt. Damit verflüchtigt sich, was ja sonst der ergreifende Effekt immersiven Erzählens ist: dass die Realität sich öffnet, wir in eine andere Realität eintreten, dass wir in eine unbekannte Welt mitgenommen werden und dort etwas tatsächlich Neues erleben.

Statt die so flüchtige und durchlässige Gegenwart mit dem Ballast angeblicher und angeberischer Vergangenheit zu verstopfen, müsste es einem emphatischen Erzählen darum gehen, die vergangene oder vergehende Gegenwart in Richtung einer zukünftigen Gegenwart und gegenwärtigen Zukunft zu öffnen. Eine Gegenwart, die in die Zukunft entweicht, eine Flüchtigkeit, die aus der Zukunft kommt – das ergäbe doch noch alternative Geschichten und wäre dann auch einmal ein neues Narrativ.

27. Zwei Erzähl(zeit)ökonomien und eine offene Frage

Angesichts der Vielzahl relativ unreflektierter Verwendungen des Erzählungsbegriffs, denen wir im Bereich der Managementlehre und Ökonomie begegnet sind, wollen wir zumindest versuchen, hier einige distinkte Erzählverständnisse – und dabei auch Funktionsmodelle flüchtigen Erzählens – zu unterscheiden. Erstens wäre da die eben beschriebene *Vergegenwärtigung des Vergangenen*, die – formal wie inhaltlich ins 19. Jahrhundert zurückreichend – meist unwissend auch literaturgeschichtlich das Arsenal klassischer Romanerzählungen bedient: Der Rückgang in die Vergangenheit holt diese in die Gegenwart, und zwar in einer doppelt linearen Bewegung, rückwärts wie vorwärts. Nach dem Muster klassischer Fiktion wird uns dabei, rückwärts Richtung Vergangenheit blickend, erzählt, dass der Zeitstrang etwa italienischer Familienunternehmen vorwärts in die Gegenwart (und angeblich auch Richtung Zukunft) läuft.

Offensichtlich gelingt dieses Es-war-einmal bei Traditionshäusern oder Familienkonzernen um einiges überzeugender als in den nachträglichen Legitimierungen vermeintlicher Management-Historiker oder CEO-Erzählerinnen. Was Letztere in ihren immer neuen narrativen Sprints und epischen Fehlschlägen wie Erfolgsgeschichten anstreben, kann als Versuch einer *rekursiven Zirkularisierung* des Erzählens gefasst werden. In diesem zweiten

Fall liegen die (unbewussten) literarhistorischen Vorbilder somit eher im 20. Jahrhundert, bei den Zirkelschlüssen von vorlaufender Geschichte und zurückblickendem Erzählen etwa in Jorge Luis Borges' *Der Garten der Pfade, die sich verzweigen* (1941).[169]

Wie schon an anderen Stellen, müssen wir uns hier ebenfalls fragen, ob es angesichts dieser in unterschiedlichen Maßen linearen und zirkulären Erzählmodelle auch ein rein temporales (= flüchtiges) Erzählen geben könnte. Gut möglich, dass so ein drittes (Zeit-)Modell des Erzählens die Kapazitäten von Flüchtigkeit mit ihrem Faible für (das Verschwinden der) Gegenwart sprengt – ohne dass das ihre Fähigkeit schmälern müsste, uns Kontrachronologien plausibel und erträglich oder als Phänomen anschaulich zu machen. Gerade die in ihren Zeitstrukturen avanciertesten Romane der vergangenen Jahrzehnte haben sich an solchen ungegenwärtigen und niemals Gegenwart gewesenen Zeiten abgearbeitet, von denen nicht einmal mehr zu sagen wäre, dass sie jemals auch nur flüchtig hätten erlebt werden können.

So etwa am Anfang von Thomas Pynchons Roman *Die Enden der Parabel* (1973), der einen Bombenangriff auf London im Jahr 1944 mit einer deutschen V2-Rakete schildert, deren Einschlag so schnell geschieht, dass selbst der ihn eigentlich ankündigende Überschallknall erst nach der Detonation zu hören ist – dann allerdings nur noch von denen, die nicht mehr gewarnt werden müssen. Nicht nur für die Betroffenen oder Getroffenen kommt das akustische Signal also immer zu spät: »Ein Heulen kommt über den Himmel. Das ist früher schon geschehen, mit diesem aber läßt sich nichts vergleichen. / Es ist zu spät. Die Evakuierung geht zwar immer noch weiter, ist aber alles Theater.«[170]

Anstelle komplizierter Ausführungen über ein asynchrones Präsens, das an der Vergangenheit eine Form von Vorhergehen, die nie Gegenwart war, entdeckt – und dadurch tatsächlich jene von überfordert dilettierenden Erzählmanagern angestrebte Retroaktivität und Umschreibung der Vergangenheit in Gang zu setzen vermag –, kann das vielleicht besser der Beginn von Claude Simons Roman *Georgica* (1981) evozieren:

»Er ist fünfzig. Er ist kommandierender Artilleriegeneral der Italienarmee. Er residiert in Mailand. Er trägt einen Uniformrock mit Goldstickerei an Kragen und Plastron. Er ist sechzig. Er beaufsichtigt die Fertigstellungsarbeiten an der Terrasse seines Schlosses. Er ist behaglich in einen alten Militärüberwurf gehüllt. Er sieht schwarze Punkte. Am Abend wird er tot sein. Er ist dreißig. Er ist Hauptmann. Er geht in die Oper. Er trägt einen Dreispitz, einen blauen, an der Taille abgenähten Uniformrock und einen Salondegen.«[171]

28. Narratologische Umdrehung

Gegenüber meist inhaltistischen (also nicht erzähltheoretisch informierten) Deutungen der wahllos auch ins Wirtschaftsdeutsch eingemeindeten Anglizismen *epic*, *story*, *plot* etc. hilft an dieser Stelle womöglich die Erinnerung an eine seit dem russischen Formalismus zu Beginn des 20. Jahrhunderts durchgesetzte und dann später in der Narratologie sowie der Filmwissenschaft populär gewordene Unterscheidung von Sujet und Fabel oder Plot und Story: Erzählen und Erzähltes, Narration und Narrativ sind dabei auf mehrfache Weise voneinander zu trennen. Zu Beginn steht die formale Einsicht, dass der Vorgang des Erzählens das Erzählte überhaupt erst konstituiert und nicht etwa eine objektiv existierende Geschichte ganz unabhängig vom Vorgang ihrer Narration vorliegt. Damit verbunden ist zweitens, dass sich eine Story, die Fabel, immer auch in unterschiedlichen Chronologien (re)präsentieren lässt: Nachdem er A traf, fuhr er zu C und sah unterwegs B; oder: Er hatte unterwegs zu C kurz B auf der Straße gesehen, in der Nähe von A, bei der er zuvor gewesen war; oder: Hätte er nicht zufällig vor As Haus B getroffen, wäre er wohl nicht auf die Idee gekommen, zu C zu fahren… – um nur ein paar Beispiele im epischen Präteritum anzuführen. (Eine umfassende Betrachtung des asynchronen Erzählens und linearen Berichtens im Präsens wäre noch einmal eine andere Geschichte.[172])

Eine etwas technischere und akkurate Definition von Fabel und Sujet hilft uns, die entscheidende temporale Dimension und Diskrepanz der beiden Kategorien sowie ihr poetisches (oder *poietisches*, wörtlich »herstellendes«, und zwar vor allem zeitproduzierendes) Zusammenspiel zu verstehen. Im Sujet, dem Plot, also im Ganzen des Erzählens, in dem eine Erzähler'in die Lesenden durchaus auch – mit Absicht oder unwillkürlich – in die Irre führen kann, liegen die einzelnen Erzählmomente zunächst einmal mehr oder weniger flüchtig ausgebreitet, weil in kaum einer Erzählung je chronologisch angeordnet, vor uns da. Die Fabel, oder Story, ist gleichwohl unter der flüchtigen Erzähloberfläche virtuell präsent und wartet darauf, von einer Leser'in, die der Geschichte auf der Spur ist, in ihrem Kopf Stück für Stück, flüchtiges Ereignis für flüchtiges Ereignis, zu einer geschlossenen und überzeugenden chronologischen Kette zusammengesetzt oder aktualisiert zu werden.

Die im Managementgebrauch oftmals synonym verwendeten Konzepte von Story und Plot sind also sehr wohl zu unterscheiden und entfalten ihren vollen erzähltechnischen Effekt – fesselnde Geschichte, Eintauchen in die Fiktion, Plausibilisierung des Geschehens etc. – nur im Wechselspiel ihrer divergierenden Temporalitäten. Nur im Zusammenwirken von chronologisch vorauslaufendem Erzählten (»Am nächsten Tage aber…«) und gleichzeitig zurückblickendem Erzählen (»Es war einmal …«), also durch das in der Fiktionstheorie als »episches Präteritum« bezeichnete grammatikalische Paradox einer Vergangenheitsverbform mit zukünftiger Zeitangabe (»Am nächsten Tag war er schon früh bei C«, oder gar: »Morgen war sein Treffen mit B«) entsteht Fiktion im Kopf von Leserïnnen, die eine rückblickend erzählte Geschichte ständig in Richtung ihrer eigenen Zukunft und Gegenwart hin (um)drehen und verlängern. Nur in Kombination der fundamental verschiedenen Zeitordnungen von Plot und Story entsteht aus flüchtigen und absichtsvoll unchronologisch erzählten Einzelheiten im Kopf der Leserïn ein sinnhaft entflüchtigtes Ganzes.

Klassischerweise gilt die Gegenwart als exemplarisch flüchtige Zeit, weil sie unaufhörlich in die Vergangenheit versinkt und folglich keine dauerhafte Existenz haben kann. Dieses Absinken in die Vergangenheit nutzen überzeugende Erzählungen zur Glaubhaftmachung ihrer Fiktionen aus. Die Narration vergegenwärtigt mir eine voranschreitende Vergangenheit mit dem oben beschriebenen immersiven Effekt eines Erlebens, als ob ich dabei gewesen wäre, und suggeriert mir dadurch zugleich, dass ich *in* und *aus* meiner eigenen Gegenwart ebenso voranschreiten kann – schließlich bin ich ja die Zukunft dieser gegenwärtigen Vergangenheit –, und warum sollte ich dann aus meiner vergehenden Gegenwart nicht auch in deren Zukunft voranschreiten, sie »weiterschreiben« können?

Aus der Perspektive der Poetik, die kurz vom jeweiligen Inhalt von Geschichten absieht, ist die Erzählung – die nicht ohne Fiktion zu haben ist – kulturell gesehen also dasjenige Medium, das Zukunft überhaupt erst im emphatischen Sinn *glaubhaft* macht, und zwar eben aufgrund jener doppelten zeitlichen Struktur des Erzählens mittels rückwärts blickendem Sujet und vorwärts laufender Fabel. Noch vor jedem Inhalt überzeugen mich gut erzählte Geschichten nicht etwa primär durch ihren Wahrheitsgehalt oder ihren praktisch-pädagogischen Mehrwert. Das wichtigste Kriterium lautet vielmehr, dass gut fabrizierte Storyplots mich zu dem Glauben verführen, dass die Zeit vorwärts läuft, dass es stets weiter geht, und dass ich unbedingt wissen – und vielleicht sogar daran mitwirken – will, was als nächstes geschieht. Nicht zuletzt übertragen auf unsere im Hintergrund weiter mitlaufende Frage nach dem Verhältnis von Planung, Prognose und erfolgreichen Marketinggeschichten bedeutet das: Was überzeugende Erzählungen sind oder nicht, bestimmt sich zunächst einmal nicht über ihren Inhalt, sondern über das formale Kriterium, ob sie die progressive Bewegung in Richtung Zukunft glaubwürdig performen.

Narrationen sind also nicht einfach irgendwie flüchtig, weil in der Zeit vergehend, um dann aus ihrem Entschwinden heraus immer wieder abgerufen zu werden. Vielmehr sind Narrationen rekursiv, das heißt: Wir erzählen unser Sujet in einem Bogen in die Vergangenheit hinein, um durch die fiktive Vorwärtsbewegung der Fabel irgendwann wieder in jener Gegenwart herauszukommen, in der das Erzählen angefangen hat. Mit Blick auf die Integration anderer Zeiten in die Zukunft, um deren Handhabung es ja sowohl der Planung als auch der Prognose geht, kann hier eine Differenzierung bezüglich der oben diskutierten computergestützten Vorausberechnung etwa des tagtäglichen Wetters gemacht werden. Was die Klimaforschung der vergangenen Jahre so überzeugend macht und eine Leugnung des Klimawandels dadurch immer unplausibler, ist nicht einfach die vervielfachte Rechnerleistung und die damit verbundene präzisere Vorhersage der Klimaerwärmung sowie der daraus ableitbaren Konsequenzen. Gegenüber der täglichen Wettervorhersage kommt hier nämlich noch ein weiterer Aspekt hinzu, und zwar das rekursive Einbeziehen vergangener Daten.

Die konsistente Verknüpfung vergangener Zustände mit der Gegenwart, die rekursive Anwendung nicht nur der Vergangenheit auf die Gegenwart, sondern aller drei Zeitdimensionen aufeinander, ist ein konsequentes Ergebnis der Digitalisierung, die diesbezüglich als eine immense Verbreitung computerisierter Rekursion fungiert: der Selbstanwendungen von immer mehr Daten auf sich selbst. Die ursprüngliche Flüchtigkeit dieser Daten wird also hier in einen rekursiven Prozess eingebunden, der letztlich dazu wird beitragen müssen, unseren Weg in die Zukunft – und hoffentlich diese Zukunft selbst – zu sichern.

EPHEMEROLOGIE 5
VOM ÜBERLEBEN DER FLÜCHTIGKEIT NACH DER GESCHICHTE ZU EINEM FLÜCHTIGEN NACHLEBEN DER GESCHICHTE

Bevor diese Geschichte der modernen Flüchtigkeit nunmehr fast fertig erzählt ist, stellt sich noch eine grundsätzliche Frage, und zwar wie es um das Verhältnis von Flüchtigkeit nicht nur zu einzelnen Geschichten und Erzählungen steht, sondern zur Geschichte oder Historie im Singular. Wir kehren mit dieser Frage auch zu unserem poetologischen Ausgangspunkt bei Baudelaire zurück, der die Flüchtigkeit am historischen ›Ende‹ der Ewigkeit, also der Dominanz von Vorstellungen ewiger ontologischer Kategorien, angesetzt hatte. Mit Bezug auf Geschichte lautet die Frage nun, ob Flüchtigkeit bereits in dem historischen Moment uneingeschränkt auf den Plan tritt, wo im Zuge der Verzeitlichung ontologischer Kategorien sich auch die Geschichte sowohl als Praxis wie als Verstehensform umfassend herausbildet. Oder kommt die Flüchtigkeit vielmehr erst heute ganz zu sich, in unserem vielfach als posthistorisch bezeichneten Zeitalter, nach dem vom Politologen Francis Fukuyama so bezeichneten »Ende der Geschichte«[173] – was ja übrigens auch bedeuten könnte: nachdem wir heute nicht mehr an ein *gutes* Ende der Geschichte in unserer Gegenwart oder Zukunft glauben?

Eine enge Verwandtschaft zwischen Geschichte und Flüchtigkeit liegt schon dadurch nahe, dass wir auch letztere im Modus einer grundsätzlichen Chronologisierung beschrieben haben, Flüchtigkeit wie Geschichte also ontologische Kategorien verzeitlichen – oder in Baudelaires konzeptionellem Kosmos: Ewigkeit verflüssigen. Eine nicht mehr als ewig gleiche oder in Form zyklischer Vergänglichkeit gedachte Flüchtigkeit taucht im 19. Jahrhundert mit der gesamten Bandbreite seiner historischen Obsessionen auf, von Debatten um einen Fortschritt der Geschichte über die Bewegung des Historismus bis zu ersten Ideen eines Endes der Geschichte bei Hegel und später Alexandre Kojève (auf die sich schließlich auch Fukuyama beziehen sollte). Und für uns stellt sich damit die Frage, ob Flüchtigkeit einfach nur ein historisches Kapitel der Ideengeschichte bildet oder ob sie umgekehrt auch zeitphilosophische Fragen aufwirft – oder gar löst –, die mit dem Begriff der »Geschichte« nicht adäquat zu fassen sind.

Genau genommen tritt die Moderne ja nicht einfach mit einem verschärften historischen Verständnis hervor – in Bezug auf sich selbst, auf ihre Vorgeschichte, auf Entwicklung und Fortschritt als solche –, sondern sie denkt von Anfang an immer auch schon ihr eigenes Ende mit (oder wie es nahe liegt zu formulieren: ihre Verflüchtigung). Von daher stellt sich also die Frage, was Flüchtigkeit zu einem neuen Verständnis von Geschichtlichkeit beitragen kann, wenn ihre Neuentdeckung nicht nur eine weitere Facette eines neuen produktiven Geschichtsverständnisses der Moderne darstellt, sondern stattdessen von der hegemonialen Konzeption von Geschichte abweicht. Einen diesbezüglich innovativen Aspekt von Flüchtigkeit haben wir bereits herausgearbeitet, und zwar in Form der scheinbar paradoxen Frage, aus welcher Richtung die Zeit kommt. Für ein traditionell modernistisches Paradigma von Geschichte nämlich muss die Zeit in der Vergangenheit entspringen und in Richtung Zukunft fortschreiten, wohingegen Flüchtigkeit auf eine andere Richtung oder Ausrichtung der Zeit verweist. (Legt nicht schon das unaufhaltsame Verschwinden aller Ereignisse in die Vergangenheit ihre Ankunft aus der Zukunft nahe?)

Wie wir gesehen haben, erlaubt dann eine voll temporalisierte Flüchtigkeit, die im Zuge der Digitalisierung zunehmenden temporalen Entwicklungen besser zu verstehen und mit ihnen umzugehen, vor allem die an spekulativen Phänomenen analysierte Bewegung von der Zukunft in die Gegenwart (zuvor war für Flüchtigkeit – in Umkehrung der gängigen Chronologie – ein Absinken von der Gegenwart in die Vergangenheit dominant). Im Gegensatz zur Geschichte begreift eine nicht mehr linear verräumlichte oder zirkulär bewegte, sondern voll temporalisierte Flüchtigkeit, dass die Zeit aus der Zukunft kommt, auch wenn ihr Verständnis von Zeit wie bei früheren Flüchtigkeitsphänomenen auf zwei Positionen reduziert bleibt (statt der drei chronologischen Pole Vergangenheit, Gegenwart, Zukunft sind das, wie gesagt, zunächst Gegenwart und Vergangenheit sowie heute zunehmend Zukunft und Gegenwart).

Das Beruhigende des historischen Zeitalters lag ja nicht zuletzt in seiner Kongruenz mit einem chronologischen Zeitmodell. Dass nicht nur im Entstehen und Vergehen der Dinge, sondern in einer geschichtlichen Entwicklung progressiv ›die Zeit voranschreitet‹, wird jedoch heute immer weniger so wahrgenommen. Spekulative Zeit (oder der Zeitkomplex) schreitet nicht voran. Mit der Zeit wird also auch die Geschichte flüchtig, denn in dem Maße, als die (chronologische) Zeit sich verflüchtigt, lässt sich die Gegenwart immer weniger zwischen Vergangenheit und

Zukunft verorten. Wenn in der spekulativen Wette auf das (Nicht-) Eintreffen eines Ereignisses gegenwärtige Zukunft und zukünftige Gegenwart nicht mehr übereinstimmen, verschwimmen unsere Zukunft und Gegenwart. Es scheint daher so, dass wir mangels Entflüchtigungsstrategien bei ›gleichzeitiger‹ Verflüchtigung der Zukunft im spekulativen Zeitkomplex keine Geschichte mehr haben oder etablieren. Ist die Flüchtigkeit somit tatsächlich ›dauerhafter‹ als die Geschichte, mit der gemeinsam sie sich zwar im 19. Jahrhundert herausbildet, die sie aber im 21. Jahrhundert zugleich überlebt, weil sie erst im posthistorischen Zeitalter ganz zu sich kommt?

Für diese philosophisch-spekulative Hypothese, dass die moderne Flüchtigkeit die mit ihr parallel verlaufende (menschliche) Geschichte überdauert, würde auch sprechen, dass mit der Digitalisierung und mit maschinellem Lernen eine neue planetarische Entwicklung einsetzt, die – wenn es mit unserer Gattung im (Post-)Anthropozän überhaupt weitergeht – keine rein menschliche oder menschengemachte mehr sein wird. Eine solche am ehesten planetarisch zu nennende ›Geschichte‹ wird sich nicht nur von der des Menschen und seinen nationalen, internationalen oder globalisierten Ambitionen unterscheiden müssen, sondern auch von dem bisher dominanten, quasi ›historischen‹ Umgang mit Flüchtigkeit, dem wir vor allem bei unserem Blick auf die Ökonomie begegnet sind.

Angesichts dieser Situation bestehen zwei Gefahren, die nicht zufällig die beiden dominanten Reaktionen angesichts digitaler und spekulativer Flüchtigkeit ausmachen und die mir für einen gewissen manisch-depressiven Habitus unserer Gesellschaft kennzeichnend erscheinen. Die manische Reaktion auf eine unmenschliche Verflüchtigung der Zukunft drückt sich am deutlichsten in manchen verzückten Utopien eines naiven Posthumanismus aus, in dem abwechselnd ewiges biologisches Leben oder das Update (bzw. Upgrade per Upload) unserer kohlenstoffbasierten Intelligenz durch (bzw. auf) siliziumbasierte Trägermedien in die – vermeintlich – schon bald bevorstehende zukünftige Gegenwart projiziert wird (so etwa bei Googles Calico-Sparte, Elon Musks Neuralink-Projekt oder Dmitri Izkows 2045 Initiative). Diametral entgegengesetzt dazu besteht die ebenso depressive wie regressive Reaktion darin, am liebsten alle flüchtigen Errungenschaften der Moderne wieder rückgängig machen zu wollen, um in eine genau genommen erst in der Gegenwart herbeifantasierte Vergangenheit zurückkehren zu können – ein fundamentalistisch geerdetes Leben, sei es nach den Vorstellungen völkisch-nationaler Verbände oder den Regeln religiös geprägter Reaktionäre (so etwa der puritanisch-calvinistische Anachronismus von Schuldenfreiheit und fleißigem Sparen inmitten eines derivativen Paradigmas und spekulativen Finanzsystems sowie allgemein kreditbasierter Volkswirtschaften).

Der pseudo-avantgardistische Posthumanismus wie auch die regressiven Retro-Utopien markieren die manisch-depressiven Sackgassen unserer Zeit. Was beide vereint, können wir in Anlehnung an Freud und einen auf ihn Bezug nehmenden berühmten Buchtitel von Alexander und Margarete Mitscherlich als eine »Unfähigkeit zu trauern«[174] bezeichnen. Beide Haltungen verweigern nämlich die nötige Trauerarbeit angesichts einer zunehmenden Flüchtigkeit der Zukunft – nicht zuletzt derjenigen der Gattung Mensch selbst. Vielleicht hilft ja als Ausweg aus dieser Situation die von Freud vor einhundert Jahren im gleichnamigen Aufsatz vorgeschlagene Unterscheidung von »Trauer und Melancholie«[175]. Ohne dass wir an dieser Stelle näher auf seine etwas einseitige Kritik der Letzteren eingehen müssen, versteht Freud hier die Trauer als produktive Verarbeitung des Verlusts eines geliebten Menschen. Für unseren Kontext bedeutet das, dass auch angesichts der offenkundig weitreichenden Flüchtigkeit der Gegenwart und Zukunft eine aktive Trauerarbeit von großer Bedeutung ist. Freud zufolge erlaubt allein die produktive Auseinandersetzung mit dem Verlust die Öffnung für neue Bindungen, andernfalls droht lebenslange Melancholie oder Depression. Analog bedürfte es heute und in Zukunft einer produktiven Verarbeitung von Flüchtigkeit als eines quasi auf Dauer gestellten Verlusts von Geliebtem, Gewohntem oder einfach nur Gegenwärtigem.

Dass unausweichliche Flüchtigkeit anstelle ihrer mal manischen, mal depressiven Leugnung vielmehr produktiv zu machen wäre, darf aber nicht – wie bisher fast ausschließlich – als ein bloß *ökonomischer* Imperativ (miss)verstanden werden, sondern als ein ebenso *ethischer* wie *gesellschaftlicher*. Denn nur wenn wir in Bezug auf flüchtige Verluste produktive Trauerarbeit leisten, werden wir in der Lage sein, auch künftig die befreienden Aspekte von Flüchtigkeit zu erleben, die uns die Moderne beschert hat. In diesem Sinne können wir nun auch die These vom Überleben der Flüchtigkeit nach der Geschichte im planetaren Zeitkomplex begreifen, und zwar als eine nichtmelancholische Trauerarbeit am Verlust der (menschlichen) Geschichte in Form eines flüchtigen Nachlebens der Geschichte.

VI. POLITIK

Fugitivität, Flucht und Flüchtende in planetarischer Perspektive

29. Migration als Motor der Geschichte

»Für viele Menschen, die im Strudel des Kolonialismus und seiner Folgen gefangen sind, gehören zu den wesentlichen Kennzeichen der Zeit das Kontingente, das Ephemere, das Flüchtige [fugitive] und das Zufällige – radikale Ungewissheit und soziale Volatilität«, so der Philosoph Achille Mbembe über eine Form politischer Flüchtigkeit im Sinne von »Fugitivität«, die nicht auf eine bloß zeitliche Instabilität reduziert werden darf.[176] In einem an Walter Benjamin und Giorgio Agamben, an dekonstruktiven und post-operaistischen Autor'innen geschulten Denken wird Flüchtigkeit in Gestalt des Fugitiven als politisches Thema entdeckt. So ist für den Kulturtheoretiker Fred Moten etwa *Blackness* fugitiv, und zwar im Sinne einer Zurückweisung von durch Zwang oktroyierten Regeln und Standards: »Fugitivität ist also ein Begehren und eine Geisteshaltung zur Flucht und Überschreitung des Angemessenen und des Vorgegebenen. Sie ist ein Begehren nach dem Außerhalb, nach einem Außerhalb-Spielen oder Außerhalb-Sein, einem ausgeschlossenen Rand, zugehörig zu jetzt immer schon ungehöriger Stimme oder Instrument«.[177] Und der Gendertheoretiker Jack Halberstam fügt hinzu: »Fugitivität ist nicht nur Flucht, ›Exit‹, wie Paolo Virno vielleicht sagen würde, oder ›Exodus‹ in der Terminologie von Hardt und Negri – Fugitivität ist ein Getrenntsein von der Sesshaftigkeit«.[178]

Ebenso wie das Deutsche mit »Flüchtlingen« und »Geflüchteten«, »Flüchtenden« und »Flüchtigen« unterscheidet auch das Englische etwa zwischen *refugee* und *fugitive*, wobei die strafrechtlichen Konnotationen des Auf-der-Flucht-Seins schon historisch zu hinterfragen sind. Fugitive waren auch die Sklaven, die sich aus fremdem Besitz davonstahlen, Flüchtige also oder Flüchtende vor einem durchaus unmenschlichen Gesetz. Ohne dass über die Intentionalität der Flüchtlinge immer Eindeutigkeit bestünde, sich transitives *Fliehen* und intransitives *Flüchten* trennscharf unterscheiden ließen, ist sowohl Flüchtigen wie Flüchtenden stets eine migratorische Dynamik eigen. So sind Migrantïnnen und Flüchtlinge auch nie nur Opfer historischer Ereignisse oder auf ihren passiven Status als Leidende unter Krieg oder Verfolgung zu reduzieren. Für den Philosophen Thomas Nail sind sie »die wahren Beweger der Geschichte und der politischen Transformation«, nämlich immer auch aktive, geradezu unternehmerische Subjekte, die voller Mut zum Risiko und mit durchwegs erstaunlichem Erfindungsreichtum und bewundernswerter Ausdauer (alles ansonsten in ihren Gastländern hochgeschätzte Eigenschaften) in einen Ortswechsel investieren, um ihr Leben zu retten oder zu verbessern, und sich nicht zuletzt deswegen – sofern sie nicht aktiv daran gehindert werden – an ihren Zielorten oft schnell und gut integrieren.[179]

Keine Flüchtende, kein Geflüchteter will diesen flüchtigen Zustand auf Dauer stellen (was ohnedies einem logischen Paradox gleichkommt). Auch im politischen Kontext also impliziert Flüchtigkeit ihr scheinbares Gegenteil: Beständigkeit. Im Kontrast dazu, dass der Begriff des Flüchtlings eine kleine, temporäre

Gruppe evoziert, spricht der Politologe Parag Khanna von mehr als einer Milliarde Migrant'innen weltweit sowie von Millionen »semipermanent umgesiedelten Menschen«[180] – Ukrainer'innen in Polen, Palästinenser'innen in Jordanien, Afghan'innen in Pakistan, Somalier'innen in Kenia, Syrer'innen in diversen Nachbarländern und noch unzählige andere mehr. Insofern verwundert es nicht, wenn Khanna das Recht auf Migration mit dem der Redefreiheit vergleicht und Mobilität als eines der »vorrangigen Menschenrechte des 21. Jahrhunderts« bezeichnet.[181] Angesichts der immer weiter zunehmenden Bedeutung politischer Flüchtigkeit unterscheidet Thomas Nail auch historisch verschiedene Formen von Migrierenden – etwa Nomaden, Barbaren, Vagabunden, Proletarier – und kommt letztlich zu dem Schluss: »Die Migrant'in ist die politische Figur unserer Zeit.«[182] Entsprechend knüpft er an die Forderung Giorgio Agambens an, wir müssten »unsere politische Philosophie noch einmal neu entwerfen und dabei einzig und allein von der Figur des Flüchtlings ausgehen.«[183]

Das Problem der politischen Flüchtigkeit auf diese Weise zu personalisieren, birgt freilich einige Gefahren, und zwar nicht zuletzt deshalb, weil Migrant'innen heutzutage überproportional männlich sind (eine bemerkenswerte Ausnahme ist die Flucht vor Russlands Krieg in der Ukraine, die wehrfähigen Männern verboten wurde). Dieser Männerüberschuss in der Migration kann leicht dazu führen, dass sich in der auf ihr aufbauenden politischen Theorie ein ähnliches Ungleichgewicht reproduziert, also etwa die Perspektiven von Frauen nicht ausreichend Beachtung finden: von denjenigen, die freiwillig aus Angst zurückbleiben oder die sich erst gar nicht auf die Flucht begeben dürfen, denjenigen, die durch Menschenhandel und Sexarbeit zum Ortswechsel gezwungen werden etc. All dies aber müsste Eingang finden in eine systematische politische Theorie der Flüchtigkeit, die von der Figur der Flüchtenden ausgeht, dieser Figur des Flüchtigen in der Politik, die zugleich an die flüchtige Figuration des Politischen selbst rührt.

30. Unsichtbare Räume und unvorhersehbare Vergangenheiten

Die Chancen sind hoch, dass unter den Leser'innen dieses Buchs ein hoher Prozentsatz sowohl privat als auch beruflich regelmäßig ihren Ort verändert. Doch ungeachtet des dichten Reisealltags von Akademikern oder etwa Topmanagerinnen und ganz im Gegensatz zu ständig steigenden Tourismuszahlen wird Migration weiterhin als Ausnahme betrachtet, obwohl das angesichts rasant wachsender Flüchtlingsströme immer weniger plausibel ist. Statt also globale Bewegung immer nur als Abweichung von einer vermeintlichen Norm der Sesshaftigkeit oder territorialer Fixiertheit zu deuten, sollten wir eher einen umgekehrten Ansatz verfolgen und (freiwillige wie unfreiwillige) Migrant'innen, (dokumentierte wie undokumentierte) Flüchtende oder (anerkannte wie von Abschiebung bedrohte) Geflüchtete als beispielhafte Herausforderung unserer politischen Institutionen und Demokratien begreifen.

In den Worten des Philosophen Jacques Rancière drückt sich das Politische – nicht zu verwechseln mit bloß administrativer (Pseudo-)Politik – in einem Kampf um Sichtbarkeit, Hörbarkeit und Inklusion in die demokratischen Gemeinschaften aus, also um einen Anteil für die ansonsten und bis dahin Anteillosen.[184] In unsere bisher erarbeitete Terminologie übersetzt, sind Flüchtende jene Anteillosen, denen ihre eigene Entflüchtigung und Arretierung als progressives Ziel vorschweben muss (während die vereinten Xenophoben aller Länder sie weiterhin dauerhaft flüchtig halten wollen). Ihre Bewegung ist flüchtig insofern, als sie kaum korrekt zu erfassen ist, zumindest nicht von den nationalstaatlichen Aufschreibesystemen. Für Flüchtende gilt exemplarisch, dass ihre »Bewegung im System letztlich nicht repräsentiert wird: Die Migrant'in ist die politische Figur, die nicht repräsentiert wird, aber als diese im System nicht repräsentierte Figur dennoch gesellschaftlich existiert.«[185] Ein progressives Verständnis politischer Flüchtigkeit bedeutet immer auch die Anerkennung ihrer Dialektik von Verflüchtigung und Entflüchtigung sowie die Annahme ihrer Produktivität und Universalität.

Nicht nur mit Blick auf die Gegenwart, sondern auch in Rückschau auf die Vergangenheit ist ein solches Verständnis der Produktivität von Flüchtigkeit – ja mehr noch: der konstitutiven Funktion von Flüchtlingen und Migrant'innen für die Gesellschaft – die große Ausnahme. Und insofern sind beide Versäumnisse auch nur gemeinsam aufzulösen, also indem man nicht nur gegenwärtigen Rassismus und koloniale Vergangenheit miteinander vergleicht, sondern indem die historischen Kontinuitäten zwischen verschiedenen Formen von Migration, Flucht oder territorialer Flüchtigkeit bedacht werden, die im Lauf der Geschichte in unterschiedlichen Graduierungen und teilweise widersprüchlichen Gestalten zutage treten.

Heute in einen dauerhaften Zustand von Flucht gezwungene Migrantïnnen und zunächst entwurzelte, dann an der Flucht gehinderte Sklavïnnen sind weder historisch noch logisch unabhängig voneinander, ebenso wenig wie Rassismus und Kolonialismus oder Kapitalismus und Imperialismus. So gerne die entsprechenden Zusammenhänge auch übersehen oder geleugnet werden, illustriert ein historisches Verständnis des Siedlungskolonialismus deutlich die Ambivalenz von Flucht- und Migrationsbewegungen: »Über vier Jahrhunderte hinweg haben sich die Migrationsbewegungen aus Europa in die Neue Welt und darüber hinaus zu einem Phänomen entwickelt, das sich deutlich von anderen, alltäglicheren Bewegungen und Begegnungen unterscheidet. Das liegt daran, dass die europäische Migration mit der kolonialen Besiedlung verbunden war, die für die Vertreibung, Enteignung und Vernichtung von Bevölkerungsgruppen auf der ganzen Welt eine zentrale Rolle spielte.«[186] Aufgrund von religiöser oder politischer Verfolgung, von Hungersnöten oder Wirtschaftskrisen aus Europa in weltweite Kolonien Geflüchtete wurden und werden also selbst Auslöser von Fluchtbewegungen, inklusive mit Sklaverei verbundener Fugitivität.

Diesen systematischen Zusammenhang zwischen neuzeitlichem Kapitalismus, Imperialismus und Kolonialismus seit dem 16. Jahrhundert und den damit verbundenen Genoziden, Versklavungen und Vertreibungen nicht einmal ansatzweise aufgearbeitet zu haben, rächt sich naturgemäß im Umgang mit Migration und Migrantïnnen in der Gegenwart.[187] Es ist für westliche Gesellschaften allerhöchste Zeit, zu akzeptieren, dass Sklaverei schon damals kein Überbleibsel vermeintlich primitiver Gesellschaften oder prämoderner Ökonomien war und auch später nicht einfach nur von metaphorischer Bedeutung (wie etwa in Marx' Kritik der ›Lohnsklaverei‹).[188] Ein solches Eingeständnis oder Ein*ver*ständnis könnte vielleicht zumindest die skandalöse Blindheit (oder Dummheit? Bosheit?) zeitgenössischer Politikerïnnen eindämmen, die heute Menschenschmuggler als »Sklavenhändler des 21. Jahrhunderts« brandmarken[189] und damit nicht etwa diejenigen meinen, die Frauen und Kinder aus aller Welt als Arbeits- und Sexsklavïnnen in westliche Länder verkaufen, sondern diejenigen, die die unmenschlichen Blockaden gegen verzweifelte Flüchtende unterwandern, die etwa die Europäische Union in systematischer Missachtung der Genfer Flüchtlingskonvention errichtet, nach der von Gewalt bedrohte Flüchtende nicht in ihre Herkunftsstaaten zurückgeschickt werden dürfen.

Wir beginnen nun zu verstehen – um an ein Diktum von Quentin Meillassoux anzuschließen –, dass auch die *politische* Vergangenheit unvorhersehbar ist[190], wir sie also neu denken müssen. Unsere politische Vergangenheit ist flüchtig im buchstäblichen Sinne, weil sich die (nachträglich gesäuberten) Erfolgsgeschichten, die sich westliche Industrieländer gern über sich selbst erzählen, zunehmend auflösen und dadurch den Blick freigeben für ein bis heute reichendes Kontinuum von freiwilligen wie erzwungenen Fluchtwellen und Flüchtlingsströmen, deren flüssige Metaphorik nicht zuletzt an die maritimen (Flucht-)Wege einstiger Sklavenhändler wie auch der heute auf dem Mittelmeer um ihr Überleben kämpfenden Geflüchteten erinnert.

31. Verflüssigung des Territorialen

Ist es ein Zufall, dass besonders Nationalstaaten so flüchtlingsfeindlich sind? Liegt es an ihren Grenzen, die sie zur Definition imaginärer Gemeinschaften drängen und mit politisch Flüchtigem so ganz anders (nicht unbedingt besser oder schlechter) umgehen lassen, als es in antiken Imperien oder mittelalterlichen Territorien der Fall war? Jedenfalls haben es erst Nationalstaaten im strengen Sinn mit ›Ausländern‹ zu tun, wo vorher andere Konzepte vom Barbaren bis zum Wilden jeweils verschiedene Formen von Nichtzugehörigkeit markierten.

Eine mögliche Begründung dafür wäre in der Entstehungsgeschichte von Nationalstaaten zu suchen, genauer in ihrer imperialen und kolonialen Vergangenheit. Und in der Tat lassen sich für die Gründungszeit des britischen Empire wie für die Etablierung der USA oder die Einigung Deutschlands nationalstaatliche und imperiale Aspekte kaum voneinander trennen, während auch die koloniale Verstrickung dieser Nationalstaaten keineswegs nur eine zufällige historische Koinzidenz darstellt. Es sind allerdings auch Unterschiede zu beachten, worauf die Soziolog'innen Gurminder K. Bhambra und John Holmwood hinweisen, dass nämlich »das französische, das britische und das niederländische Imperium (neben anderen) zur gleichen Zeit entstanden, als sie – angeblich – zu Nationalstaaten wurden. Das Problem liegt in der Vorstellung, dass diese Staaten Nationalstaaten *sind*, die ein Imperium *haben* – anstatt korrekterweise das, was wir Nationalstaaten nennen, als *imperiale Staaten* zu begreifen, d.h. als Imperien, die um die Kernidee eines nationalen Projekts herum aufgebaut sind«.[191]

Ein Hauptproblem unseres ›normalen‹ Umgangs mit Flüchtlingen und sogenannten ›Flüchtlingskrisen‹, d.h. des von Nationalstaaten normalisierten Umgangs mit Geflüchteten, besteht in deren Degradierung zu einer den Status quo bedrohenden Abweichung von vermeintlicher Norm oder angeblicher Normalität. Aus Sicht einer auf territoriale wie soziale Statik geeichten politisch-ökonomischen Konfiguration namens Nationalstaat sind grundsätzlich in Bewegung befindliche Flüchtlinge abnormale Wesen. Das Problem, so Thomas Nail, »besteht darin, dass die Migrant'in hauptsächlich aus der Perspektive der *Stasis* betrachtet und in Bezug auf die ortsgebundene soziale Zugehörigkeit als eine sekundäre oder derivative Figur angesehen wurde. Die ortsgebundene Zugehörigkeit zu einer Gesellschaft gilt als primär; als sekundär die Hin- und Herbewegung zwischen sozialen Punkten.«[192] Ebendiese sozio-kinetische Hierarchie aber hat uns in der Folge eine unendliche Zahl an Emigrantinnen und Immigranten mitsamt vieler weiterer Differenzierungen beschert und die Normalisierung eines ganz und gar nicht selbstverständlichen sowie dem humanistischen Selbstverständnis der meisten Nationalstaaten vollständig widersprechenden Umgangs mit Geflüchteten bewirkt.

Aber worin genau besteht die mutmaßliche Bedrohung, die von migrantischer Flüchtigkeit ausgeht? Was ist an der Bewegung von Flüchtenden so besonders beunruhigend für unsere schwächelnden Nationalstaaten, dass sie ihre statische Identität mit solch brachialer Vehemenz gegen sie glauben abschotten zu müssen? Über ihren Anteil an der zunehmenden globalen Migration hinaus erinnern uns Geflüchtete heute wieder an einen bestimmten Aggregatzustand und entsprechende Bewegungsformen, die auch lange vor der nationalstaatlichen Konsolidierung schon für Unruhe und die Angst vor Unbeherrschbarkeit, ja auf Seiten besorgter Staatsphilosophen mitunter selbst für Unbeherrschtheit, gesorgt hat. Von Aristoteles über das antike Rom bis ins Preußen des 19. Jahrhunderts reicht dabei eine ausgedehnte Tradition hydrodynamischer Metaphern für die Beschreibung nomadischer und barbarischer Bewegung, so etwa in den Formulierungen Hegels vom »Untergang, wie er äußerlich an die römische Welt durch Andrang auswärtiger Völker, nordische und östliche Barbaren der Völkerwanderung, kommt, die als ein Strom sich über das Römische Reich ergießen, welches ihnen keinen Damm mehr entgegenstellen kann.«[193]

Die Bedrohung geht von unwirtlichen Wesen aus, die auf unkultivierbaren Bergen und in unwegsamen Wäldern hausen, aber auch nahe wässrigen Sümpfen oder in von heißen Winden unbewohnbar gemachten Steppen. Wir haben es hier mit Zonen zu tun, die aus Sicht der kultivierten Städter damals wie heute als unzivilisiert gelten, und die doch in unserer klimaveränderten Zukunft mehr und mehr zum Alltag geworden sein werden. Um zunehmend flüchtige Territorien handelt es sich dabei, weil sie zunächst einmal selbst starken Veränderungen ausgesetzt sind, die sich in zwei exemplarischen Aggregatzuständen der Verflüchtigung, nämlich Verflüssigung und Verdampfen, vollziehen – und dadurch schließlich auch ihre Bewohner in die Flucht treiben.

Insbesondere Klimaflüchtlinge stellen politischen Flüchtigkeitsphobiker*innen den gerne verdrängten Umstand vor Augen, dass es mit unseren territorialen und nationalstaatlichen Gewissheiten nicht (mehr) zum Besten steht. Immer größer und berechtigter wird die Sorge, dass zunehmende ›Flüchtlingswellen‹ (und die mit ihnen verbundenen geopolitischen und klimatologischen Veränderungen) in Wahrheit Ausdruck einer grundsätzlichen Flüchtigkeit unseres politischen Gefüges sind. Nicht einfach diese oder jene nationale Staatlichkeit ist bedroht, sondern das Prinzip Nationalstaat selbst erweist sich immer deutlicher als ein zwischenzeitliches Interregnum und insofern flüchtiges Konstrukt. Sein territoriales – und damit auch sein politisches – Fundament steht auf sandigen Beinen und droht in Zeiten rasanter Klimaveränderung und steigender Meeresspiegel vom Winde verweht und vom Wasser hinweggespült zu werden.

Schon seit biblischen Zeiten waren wir darauf geeicht, Gesetze als in Stein gemeißelt oder zumindest in Grund und Boden geerdet zu begreifen, und auf diesen Annahmen baute letztlich auch noch die neuzeitliche Idee von Nationalstaaten auf. Mit den absehbaren Veränderungen von zuvor über Jahrtausende weitgehend stabilen Küstenlinien wird das territoriale Primat der politischen Theorie infrage gestellt, insbesondere der immer schon vorausgesetzte ›natürliche‹ Vorrang des Landes gegenüber dem Wasser. Eben dieser nämlich schwindet unter den Bedingungen des Anthropozäns, in dem das Meer – nicht zufällig auch zunehmend die Schicksalszone von Flüchtenden – das Land zu verflüssigen und zu verflüchtigen beginnt.

32. Klimaflüchtigkeit

Mit dem Klimawandel und dem zunehmenden Druck durch (nicht nur Klima-)Flüchtlinge lösen sich tendenziell nicht allein nationalstaatliche Grenzen und die ihnen entsprechenden politischen Abgrenzungen auf. Auch die Binnendifferenzierungen etwa von politischen, ökonomischen oder Klimaflüchtlingen überzeugen immer weniger. Rückwirkend offenbaren sie ihr ideologisches Fundament, das längst zu bröckeln begonnen hat, ohne dass dies seiner brutalen Wirkung Abbruch täte – ganz im Gegenteil. Denn auch weiterhin wird eine seit dem Zweiten Weltkrieg etablierte (politisch-ökonomisch blinde) Unterscheidung von politischen und ökonomischen Flüchtlingen bemüht und entsprechend die durch unser politisch-ökonomisches System verschuldete rasante Zunahme von Klimaflüchtlingen obsessiv verdrängt, um dadurch unmenschliche »Pushbacks« von Flüchtenden zu rechtfertigen oder die politische Eingliederung von Geflüchteten zu verhindern. Aber mit welcher gegenwärtigen und zukünftigen Lebenswelt korrespondieren die aus der politischen Geschichte des 20. Jahrhunderts gewonnenen Kategorien überhaupt noch?

Ich denke an meinen Vater, der in den späten 1960er Jahren zum Studium nach Europa kam, was ihm heute vermutlich unter dem Schlagwort »Wirtschaftsflüchtling« verwehrt würde. Ich denke an viele andere aus meiner armenischstämmigen Familie, die nach der Machtergreifung radikaler Islamisten den Iran verließen, was ihnen als Angehörigen einer christlichen Minderheit nicht zu verdenken war, aber heute wohl kaum ausreichende Legitimation für eine dauerhafte Aufnahme in Österreich (oder

Kalifornien oder Frankreich) als politische Flüchtlinge bedeuten würde. Ich denke an die immer unwirtlicheren Lebensbedingungen in ihrer Heimatstadt Teheran, deren extreme Temperaturen und miserable Luftqualität eigentlich einen kollektiven Exodus sämtlicher rund neun Millionen Einwohnerïnnen als Klimaflüchtlinge rechtfertigen würde – der aber nicht nur in Richtung Österreich völlig undenkbar wäre, wo er die Einwohnerzahl sogleich verdoppeln würde.

Es wird hier wohl eines neuen »kartografischen Pragmatismus« bedürfen, wie ihn Parag Khanna anmahnt: Denn »die Erde gehört *uns* – nicht Amerika, Russland, Kanada oder China. Die Frage lautet: Können wir zu einem neuen kartografischen Pragmatismus finden, der die politische Geografie besser mit den heutigen Bedürfnissen in Einklang bringt? [...] Wir können es uns nicht länger leisten, die Entwicklung der menschlichen Geografie nur passiv zu beobachten. Stattdessen müssen wir unsere Geografien *aktiv* neu ausrichten, Menschen und Technologien dort hinbringen, wo sie gebraucht werden, und dabei lebenswerte Orte bewohnbar erhalten. Das erfordert einen epochalen Wandel in der Organisation der globalen Zivilisation, eine kollektive Neuansiedlungsstrategie für die Weltbevölkerung.«[194] Während Flüchtende weltweit eine zentrale Einsicht in diese progressive Dimension des Flüchtigen quasi am eigenen Leib erfahren, verrät sich die rückschrittliche Attitüde auch an einem ignoranten Missverstehen oder Verweigern von (angemessenem Umgang mit) Flüchtigkeit. Der mindestens fremdenfeindliche Wunsch lautet dann entweder, Flüchtende niemals ankommen zu lassen, also ihren flüchtigen Status einseitig auf Verflüchtigung zu reduzieren, oder aber sie so schnell wie möglich wieder zurück in ihre Herkunftsländer abzuschieben – so als ob politische Flüchtigkeit und ihre planetarischen Bedingungen damit einfach verschwinden würden.

Es ist kein Zufall, dass mit Blick auf die planetaren Klima- und Umweltveränderungen sowie auf die globalen Flucht- und Migrationsbewegungen eine analoge Verweigerungshaltung sowie entsprechende Leugnungs- und Ausschlussmechanismen zu beobachten sind, die bis auf Weiteres die Anerkennung von Klimaflüchtigkeit verhindern – so als ob das Ansteigen der Meeresspiegel, die Kontaminierung des Grundwassers, Verschlechterung der Atemluft oder Veränderungen in der Atmosphäre nach demselben phantasmatischen Muster wie im Bezug auf Flüchtlinge einfach an den jeweiligen Landesgrenzen gestoppt werden könnten.

33. (Exo-)Planetarische Intelligenz?

»Der Mensch ist eine Erfindung, deren junges Datum die Archäologie unseres Denkens ganz offen zeigt. Vielleicht auch das baldige Ende«, schrieb Michel Foucault vor mehr als einem halben Jahrhundert in seinem Buch *Die Ordnung der Dinge*, das mit einem berühmt gewordenen Bild endet, nämlich der Wette, »dass der Mensch verschwindet wie am Meeresufer ein Gesicht im Sand.«[195] Bei dieser relativ jungen – und laut Foucault doch bereits kurz vor ihrem Ende stehenden – Erfindung »Mensch« handelt es sich um eine historische Wissensfigur, die einen engen Zusammenhang mit den neuzeitlichen (nicht nur Experimental-)Wissenschaften seit dem 16. Jahrhundert aufweist. Beim Menschen handelt es sich um eine Gattung, die biologisch, medizinisch und rechtlich ebenso eingehend definierbar ist, wie sie zugleich auch wieder umdefiniert, entgrenzt und in diesem Sinn verflüchtigt werden kann.

Wir haben gesehen, wie die Moderne in ihrem Umgang mit Flüchtigkeit den traditionellen Topos menschlicher Vergänglichkeit hinter sich gelassen hat. Und wenn nun hier von der Flüchtigkeit des Menschen die Rede ist, dann meint das nicht seine körperliche Hinfälligkeit als *ephēmeros*, als zwar mit Intelligenz begabte, aber doch zum raschen individuellen Verschwinden bestimmte Eintagsfliege. Vielmehr erweist sich heute in Zeiten von siliziumbasierten Intelligenzen und planetarischer Dezentrierung der Erde die Idee des Menschen überhaupt als filigran – und zwar ohne, dass dies seine posthumanistische Degradierung oder übermenschliche Aufwertung bedeuten würde. Der Mensch war zu keiner Zeit die Krone der Schöpfung, und die Intelligenz des Homo Sapiens war immer schon weniger ›natürlich‹, als es uns heute erscheinen mag (auch wenn wir etwa die Neandertaler und andere frühe Opfer unserer Entwicklung nicht mehr zu ihrer Sicht der Dinge befragen können).

Aber lässt sich damit auch eine planetarische Hoffnung auf die Zukunft und – mit Foucault gesprochen – auf eine andere »historische Formation« verbinden, die dieses antiquierten ›Menschen‹ nicht mehr bedarf und daher mit einigen der schlimmsten Entwicklungen der Moderne gebrochen haben wird? Wobei ein solcher – nicht mehr (inter-)nationaler oder globaler bzw. globalisierender, sondern tatsächlich *planetarischer* – Horizont unseres von Peter Ward und Donald Brownlee treffend als »seltene Erde«[196] bezeichneten Planeten freilich noch einmal eine umfassendere Perspektive auf Flüchtigkeit bedeuten würde. Das betrifft zum einen trotz Entdeckung von immer mehr habitablen oder neuerdings sogar »superhabitablen« Exoplaneten die astrobiologische Annahme, dass nicht etwa die Bewohnbarkeit oder generelle ›Lebensfähigkeit‹ eines Planeten an sich eine Seltenheit darstellt, sondern angesichts zahlloser »zufälliger Katastrophen« wie Kometeneinschläge oder stellarer Kollisionen die tatsächlich erfolgreiche Entwicklung komplexen Lebens die große Ausnahme bildet.[197]

Zum anderen aber ist natürlich auch einmal entstandenes Leben auf einem derart flüchtigen Planeten selbst höchst flüchtig. So kann nicht nur die (Weiter-)Entwicklung dieses Lebens Auslöser von Massenaussterben bestimmter Lebensformen sein, denken wir etwa an die sogenannte »Große Sauerstoffkatastrophe« – auf Englisch etwas neutraler die *Great Oxygen Revolution* – vor ca. 2,4 Milliarden Jahren, als die neu entstandene oxygene (also sauerstoffbildende) Photosynthese zum Verschwinden von unzähligen anaeroben Lebensformen führte. Zugleich ist auch ein solches intern oder extern verursachtes Massenaussterben mitunter erst die Voraussetzung für die Entwicklung (noch) komplexeren Lebens – ohne Aussterben der Dinosaurier etwa kein *Homo sapiens*. Obwohl also – oder gerade weil – sich aus astrobiologischer Sicht diese Trennung aufgelöst hat, sind sowohl unser ›seltener‹ Planet als auch das auf ihm sich entwickelnde Leben zugleich Ursache und Wirkung ihrer eigenen Flüchtigkeit.

Im Wissen, dass planetarisches Leben sein eigenes Produkt ist, dass unsere Erde und ihr irdisches Leben sich ko-evolutionär entwickelt haben, verflüchtigt sich ein fundamentaler Widerspruch kosmologischer oder astrobiologischer Diskussionen, ob nämlich gilt: »Das Leben ist kein flüchtiger Moment« – oder ob nicht doch vielmehr, wie der theoretische Physiker Brian Green meint, »Leben und Bewusstsein ein flüchtiges Phänomen auf der Gesamtheit des kosmologischen Zeitstrahls sind.«[198]

Eine im vollen Wortsinn entfaltete Flüchtigkeit, wie sie dieses Buch zu beschreiben versucht hat, zeigt sich nicht zuletzt auch in ihrer planetarischen Dimension. Planeten sind flüchtige Gebilde, weniger Materieklumpen als in steter evolutionärer Veränderung befindliche »Schnörkel in der Zeit« (Daniel Falb) oder Zeitsignaturen. Aus astrobiologischer Tiefenperspektive, aus dem Blickwinkel von *deep time* wie auch von tiefstem Raum, erweisen sich (Exo-)Planeten nicht als unveränderlicher Hintergrund unserer vergänglichen Existenz, sondern selbst als exemplarische Vertreter kosmologischer Flüchtigkeit.

Ephemerologie 6
Ende der Metaphysik, oder: Warum Gott jetzt endlich sterben kann

Als zentrale Manifestation und Indiz für die Annahme eines ›reinen‹ Zeitmodells von Flüchtigkeit haben wir zunächst Phänomene aus der digitalen Ökonomie und spekulativen Finanz betrachtet, zuletzt aber noch einmal gesehen, dass gerade unter Bedingungen von politischer wie planetarischer Flüchtigkeit die Zukunft (auch der Idee) des Menschen fraglich zu werden droht, ja Planeten selber Ausdruck einer im vollen Wortsinn *universellen* Flüchtigkeit sind. Philosophisch oder mit Blick auf die (Geschichte der) Metaphysik formuliert, stellt sich damit die Frage: Handelt es sich hierbei nun um die Klärung der seit dem 19. Jahrhundert auftauchenden Frage nach der ontologischen Prekarität von Flüchtigkeit, die über eine fortschreitende Chronologisierung metaphysisch-ontologischer Kategorien allmählich in ein Zeitmodell übersetzt wird? Und bedeutet diese vollständige Verzeitlichung von Flüchtigkeit schließlich auch – und erst dann – die vollständige Verflüchtigung (und damit so etwas wie ein Ende) der Metaphysik?

War bei Baudelaire noch von einer aus der (flüchtigen) Gegenwart hinausragenden Ewigkeit die Rede, die als Gegenpol zur Verzeitlichung durchaus metaphysisch zu verstehen ist, betrifft ihre fortschreitende Verflüchtigung nicht nur die individuelle Erfahrung der Einzelnen. Mit der Verzeitlichung der Metaphysik verflüchtigen sich aber auch nicht nur einzelne theologische Kategorien wie Ewigkeit, sondern die Flüchtigkeit der Zukunft besiegelt endgültig, was schon kurz nach Baudelaire dann Friedrich Nietzsche ahnungsvoll den letzten nachgeschichtlichen Menschen ausrufen lässt: »Gott ist tot! Gott bleibt tot! Und wir haben ihn getötet!«[199] Selbst den Borniertesten dämmert inzwischen, dass ihre weltanschaulichen Grundannahmen und Konstrukte nicht weniger partikular und flüchtig geworden sind als die eigene Existenz selbst. In Bezug auf den Verfall des Christentums etwa zeigt sich eine solche ›Privatisierung von Letztbegründungen‹ am Übergang von der einstigen Vorstellung einer erklärtermaßen »allumfassenden« (so die wörtliche Bedeutung der *katholischen*) Kirche über konfessionelle Koexistenz hin zu esoterischen Privatreligionen.

Seit der Zeit der Aufklärung findet sich unter ihren Anhängern die Vorstellung, dass im Rahmen einer allgemeinen Fortschrittsgeschichte zugleich auch theologische und metaphysische Annahmen und Vorurteile abgebaut würden, sodass sich im Laufe der Geschichte irgendwann alle Metaphysik verflüchtigen müsste. Von heute aus zurückblickend ist diesbezüglich freilich Skepsis angebracht. Wir sind umgekehrt versucht zu sagen, dass sich angesichts der historischen Ereignisse vor allem des 20. Jahrhunderts umgekehrt eher der Fortschrittsoptimismus der historischen Aufklärung verflüchtigt hat. Doch erlaubt diese Vorstellung noch eine andere, weniger historische Lesart, die abschließend ein neues Licht auf den Zusammenhang von Metaphysik und Flüchtigkeit werfen kann.

Einer Sichtweise des nachrevolutionären 19. Jahrhunderts folgend, ließe sich sagen, dass metaphysische Ideen und Ideale zwar gar nicht als solche existieren, sich aber dennoch im Modus von ›Ereignissen‹ manifestieren. Freiheit und Gleichheit, Brüderlichkeit, Geschwisterlichkeit oder Menschlichkeit mögen an sich keine eigene Realität haben, können sich aber trotzdem immer wieder – wenn auch meist nur kurz und ereignishaft – der Realität aufdrängen (und im Sinne sogenannter »Hyperstitionen« wirklich werden[200]). Der Philosoph Slavoj Žižek hat das mit dem theologischen Konzept der Inkarnation als ›Hineinreichen‹ der Ewigkeit in die Zeit zu verdeutlichen versucht, also »nicht so sehr die Zeit, in der die gewöhnliche zeitliche Realität die Ewigkeit berührt, sondern eher die Zeit, in der die Ewigkeit in die Zeit hineinreicht.«[201].

Diese Unterscheidung wird vor allem an den beiden Eckpfeilern der abendländischen Metaphysik und Ontologie deutlich, und zwar an ihrem antiken Erfinder Platon und ihrem ambivalenten Vollender Hegel: »Wo sich Platon irrt, ist in seiner Ontologisierung der Ideen«, so Žižek, demzufolge Ideen im Gegensatz dazu etwas sind, »das für einen Augenblick auf der Oberfläche von Dingen erscheint«, also im Modus der Flüchtigkeit und nicht – wie in der von Platon und Aristoteles geprägten Tradition – in ontologischer Beständigkeit. Erst »Hegel schließlich brach mit der traditionellen Metaphysik – idealistischer oder materialistischer Natur – und führte das Zeitalter der radikalen Geschichtlichkeit ein, bei dem alle festen Formen, sozialen Strukturen und Prinzipien als Ergebnis eines kontingenten historischen Prozesses betrachtet werden.«[202] Dass sich im Lauf der Geschichte alle Metaphysik verflüchtigen soll – oder dass die Geschichte gar der »Selbstmord der Metaphysik« ist, wie es der in jeder Hinsicht revolutionäre Gustav Speth Anfang der 1920er Jahre formulierte[203] –, nimmt nicht zuletzt im Wissen um das weiter oben diskutierte Verhältnis von Flüchtigkeit und Geschichte eine nochmal andere Bedeutung an. Wenn alle metaphysische Substanz sich verflüchtigt, bedeutet das freilich nicht zugleich, dass sich auch die Bestimmungen ewiger Ideen und flüchtiger Materie einfach so umkehren ließe.

Solange die klassische Metaphysik dominant war, galten Gott und die Ideen als ewig (auch wenn sie tatsächlich nicht existiert haben mögen), alles Materielle dagegen als vergänglich. Mit dem Aufkommen des modernen Materialismus im 19. Jahrhundert wurde diese Sicht – wie sich nun herausstellt, allzu vorschnell – vereinfachend gekontert: Es sei umgekehrt die Materie, die nie vergeht, sich immer nur transformiert und wandelt, Ideen hingegen kommen und (ver)gehen. Mit Hegel allerdings müssen wir letztlich den Schluss ziehen, dass eine einfache Umwertung der Metaphysik, des Verhältnisses von Ideen und Materie, Sein und Werden, Ewigem und Flüchtigem, unzureichend ist. Das neue, historisch-prozesshafte Verständnis von Flüchtigkeit kann nicht bedeuten, dass lediglich die traditionelle Vorstellung der Vergänglichkeit alles Materiellen in die Sphäre des Ideellen übertragen wird. Nachdem Ideen jahrtausendelang nicht als flüchtig, sondern als ewig angesehen wurde, darf ihre Verflüchtigung nicht einfach so verstanden werden, dass ihnen nur noch der Status von Illusionen und Fantastereien zukäme.

Wir können diesen Gedanken nun auch auf das Verschwinden des Menschen und die Flüchtigkeit des Planetarischen übertragen. Um Flüchtigkeit produktiv werden zu lassen, darf die (ideelle) Verflüchtigung des Menschen nicht wiederum auf seine Vergänglichkeit (diesmal als biologische Gattung) reduziert werden. Es wurden und werden inzwischen materielle Praktiken entwickelt, die die menschliche Wandlungsfähigkeit beschleunigen und multiplizieren, mit dem Ziel, leistungsfähigere materielle Entitäten als den Menschen hervorzubringen. Was immer man von solchen Bestrebungen halten mag: Die Ansicht, dass anorganische Intelligenz effizienter oder höherwertiger sei als menschliche, ist nicht zu verwechseln mit Foucaults Prophezeiung, die Technologie der Moderne würde das seit dem Humanismus des 16. Jahrhunderts herrschende ideelle Konstrukt ›Mensch‹ hinfällig machen. Hier geht es allein um die intellektuelle Vorstellung, dort um die materielle Modifikation.

An dieser Stelle wird ein gravierender Unterschied zwischen früheren Beschleunigungs- und heutigen Verflüchtigungsbeschwerden deutlich. Wir wissen nun, dass wir faktisch vom Verschwinden bedroht sind, ja unser planetarisches Leben nur im Horizont von Flüchtigkeit existiert: Wenn nicht in diesem Augenblick, dann doch im nächsten oder übernächsten könnten wir vollständig ausgemustert werden. Mit dem bloßen Beschleunigungsimperativ der klassischen Moderne blieben immer noch ausreichend zweite oder hintere Plätze übrig. Mit der positiven Umpolung negativer Flüchtigkeit jedoch sind wir heute alle – für den Normalfall, dass man nicht spekulative Finanzkapitalistïn ist – nicht von einer bloßen Zurückreihung, sondern vom manifesten Verschwinden bedroht. So verwundert es auch kaum, wenn sich die an den Fingern weniger Hände abzählbaren Megagewinner des neuen technologisch-ökonomischen Komplexes so verzweifelt gerne als unsterbliches digitales Upgrade oder auf dem von ihnen erfolgreich okkupierten Mars imaginieren.

Indem also die Anfälligkeit metaphysischer Konstrukte wie Gott oder Menschheit heute auch den *ephēmeros*, das flüchtige Wesen Mensch, als biologische Gattung im Ganzen sowie das planetarische Leben als solches erfasst, schließt sich ein Kreis. Mit dem Verschwinden der Zukunft betrifft die Verflüchtigung metaphysischer Kategorien nunmehr auch einstige Abstrakta wie ›die Menschheit‹ oder ›das Leben‹ selbst ganz konkret. Sie reihen sich ein in die entropiehafte[204] *universelle* oder *universale Flüchtigkeit* (die etwas anderes ist als die relative Vergänglichkeit unserer irdischen Existenz gegenüber einem stabilen Kosmos) – eine Flüchtigkeit, die von den Zellen und Atomen unserer Körper bis hin zu planetaren oder (inter)stellaren Konstellationen reicht, von der Entstehung des Universums bis zum Verglühen unserer Erde oder ihrer Verschmelzung mit der Sonne, vom Beginn der Zeit bis zum Ende der Zukunft.

Danksagung

Die ersten Anregungen zu diesem Buch gehen auf Gespräche mit Dimitrij Naumov zurück, ohne deren regelmäßige Fortsetzung es wohl auch nur bei ersten Ideen und Notizen geblieben wäre. In die Zeit des Nachdenkens fiel dann im Herbst 2021 auch die Übernahme eines Lehrstuhls für Medientheorie mitsamt damit verbundener Verpflichtungen, entsprechende Seminarthemen anzugeben oder ein passendes Thema – »zwischen Wirtschaft Kultur Politik«, wie die Tagline der Zeppelin Universität Friedrichshafen lautet – für eine Antrittsvorlesung im Februar 2022 zu finden, wobei mein Dank an dieser Stelle besonders der Diskussionsbereitschaft und Neugier der Studierenden gilt, sich auf ein ebenso (vermeintlich) selbstverständliches wie (de facto) erstaunlich weitläufiges Thema einzulassen.

Nach langsamer Anreicherung von immer mehr Einzelbeobachtungen wie Textseiten hatte ich das große Glück, den oftmaligen Mitstreiter und langjährigen Freund Tom Wohlfarth zur mehrfachen Bearbeitung und Lektorierung unterschiedlicher Versionen des damals noch sehr zukünftigen ›Buchs‹ überreden zu können, das ich mir auch aus der nunmehr eingetretenen Zukunft ohne seine inhaltlichen und editorischen Anregungen, seine Umschreibungen und Umstellungen gar nicht vorstellen kann. Zu danken habe ich auch Anke Hennig für ausführliche Kommentare und wie immer Marie-France Rafael. Zuletzt hat auch mein Assistent Dominic Brakelmann mit der ihm eigenen medientheoretischen Schärfe für ein nicht nur Update, sondern tatsächliches Upgrade meiner Überlegungen gesorgt. Den ausgedruckten Stapel Papier abschließend noch einmal mit dem dafür perfekten Verleger, Tom ›Cisco‹ Lamberty, diesmal in meiner Züricher Lieblingsbadi ausgiebig zu diskutieren und zu überarbeiten, war und ist ein ums andere Mal ein unverdientes Glück, das mich zugleich jedes Mal den zurückliegenden und bevorstehenden Schreibprozess ignorieren und also mit neuem Enthusiasmus an dem nächsten Konvolut arbeiten lässt.

Und wenn schon von unverdienbarem Glück die Rede ist: Geschrieben wurde dieses Buch unter dem Eindruck, noch einmal die Geburt eines Kindes, Julian Avanessian Rafael, und in der Folge unzählbare andere einmalige – und zugleich als letztmalig gefühlte – Momente erleben zu dürfen. In schöner Erinnerung an zahllose gemeinsam spazierende (digitale) Morgen- und Nachtlektüren und aus Dank für die erfrischende Erfahrung, dass die Niederschrift kurzer Vignetten immer nur wenige Nachmittagsstunden in Anspruch nehmen darf, möchte ich zu seinem ersten Geburtstag Julian – und natürlich auch seinem großen Bruder Adrian, der ausgerechnet an seinem dritten Geburtstag meine Antrittsvorlesung mitanhören musste – dieses Buch widmen.

Zürich, 26. Mai 2023.

---

1 Pindar (1986), S. 153.

2 Vgl. Böhme (2013), S. 88f.

3 Hahn (2015), S. 7.

4 Murgia (2021), S. 10. [Sämtliche Übersetzungen nicht deutschsprachiger Quellen und Buchausgaben stammen von Tom Wohlfarth.]

5 Vgl. Bauman (2003). Ein anderes, aktuelles Beispiel ist James Bridle, der mit Blick auf den Klimawandel und das drohende Schmelzen des sibirischen Permafrosts eine »Rückkehr zum Flüssigen [fluid]: zum Sumpfigen und Morastigen, zum Unförmigen und Gasförmigen« voraussagt, weswegen das kommende »dunkle Zeitalter« der Technologie »mehr flüssige, flüchtige Formen des Wissens erfordern [wird], als sich allein aus den Bibliotheken der Vergangenheit gewinnen lässt« – wobei im englischen Original für »flüssig, flüchtig« allein das Wort »liquid« steht: Bridle (2019), S. 71.

6 Hahn (2015), S. 8; Mosayebi (o. J.).

7 Vgl. Chi (2002b), S. 6f.

8 Karl Marx (1961), S. 3.

9 Karl Marx, Friedrich Engels (1959), S. 465.

10 Berman (1988), S. 144.

11 »Die Blumen des Bösen«, 1857-68, vgl. Baudelaire (1991), S. 40f.

12 Benjamin (1991b), S. 547f.

13 Osterhammel (2009), S. 63f.: »Nachrichten, von denen in Deutschland 1856 erst 11 Prozent, 1906 aber schon 95 Prozent nicht älter als einen Tag waren".

14 Baudelaire (1988), Kap. III.

15 Zit. nach Neuburger (2014).

16 Wild (2017), S. 95.

17 Benjamin (1991b), S. 1184f.

18 Baudelaire (1988), IV.

19 Ebd., II. Guys wird dem Leser nicht als überragender Künstler vor-

gestellt, sondern eher als neuer Typus, an dem Baudelaire schätzte, was später auch Bildjournalistïnnen zu großen Photographïnnen machte: die suggestive Aktualität.

20 Ebd., IV (Übersetzung bearbeitet: *Le transitoire* war hier abweichend von einer weiter oben zitierten Passage als »das Vergängliche« übersetzt worden; A.A.).

21 Vgl. Foucault (1990), S. 35-54.

22 Vgl. Benjamin (1991b), S. 585: »Die Theorie der modernen Kunst ist in Baudelaires Ansicht von der Moderne der schwächste Punkt.«

23 Vgl. Krausse (2001), S. 240-260.

24 Hahn (2015), S. 293, vgl. S. 7.

25 Ebd., S. 293.

26 Baudelaire (1988), V.

27 Freud (2007), S. 175f.

28 Ebd.

29 Benjamin (1991c), S. 498.

30 Vgl. Freud (1994), S. 363-369.

31 Dieser Begriff wurde in Anlehnung an Daniel Paul Schreber geprägt durch Kittler (1985).

32 Benjamin (1991d), S. 214.

33 Vgl. Benjamin, GS I.2, S. 1244; GS V.3, S. 1251; GS V.1, S. 219.

34 Benjamin (1991c), S. 440 (Herv. im Original).

35 Benjamin (1991e), S. 378.

36 Benjamin (1991c), S. 445 (Herv. im Original).

37 Innis (1968), S. 82f. Zu dieser »Entwicklung der Medien nicht als Spiegel, sondern als Agent des Ephemeren« vgl. auch Krausse (2001), 242f.

38 Grainge (2011a), S. 3.

39 Uricchio (2011), S. 25.

40 Floridi (2015), S. 37.

41 Schnell, Stanitzek (2015), S. 7.

42 Pindar, S. 153ff.

43 Vgl. Koselleck (1979).

44 Vgl. z. B. das Sonett Nr. 18, »Shall I compare thee to a summer's day?«: Shakespeare (2003), S. 20f.

45 Buci-Glucksmann (2003), S. 24.

46 Heine, Zanetti (2017a), S. 9.

47 Sloterdijk (1999), S. 881.

48 Vgl. Kriebel (2002), S. 128-139.

49 Vgl. Baudelaire (1980), S. 110-113.

50 Vgl. Buringh, van Zanden (2009), S. 409-445.

51 Sloterdijk (1999), S. 835.

52 Um eine Kontinuität zwischen Linearitäts- und Bewegungsmodell zu betonen, könnte man in gewisser Hinsicht auch von *linearen* und von *rekursiven* Serien sprechen. Der Medienwissenschaftler Lorenz Engell spricht in einem ähnlichen Zusammenhang von »identischer« bzw. »differenter Serialisierung«: Zit. nach Menke (2022), S. 326f.

53 Taylor (1919), S. 126.

54 London (1932).

55 Boltanski, Esquerre (2018), S. 267.

56 Korn (2012), S. 305.

57 Die Überlegungen in den folgenden Absätzen gehen zu großen Teilen auf Erläuterungen des Digitalexperten Dimitrij Naumov zurück.

58 Vgl. Wark (2021).

59 Auch der folgende Abschnitt verdankt Dimitrij Naumov wichtige Einsichten.

60 Vgl. zu diesem und dem folgenden Absatz die im Rahmen meines Seminars zum Thema Flüchtigkeit im Frühjahr 2022 an der Zeppelin Universität Friedrichshafen entstandene Hausarbeit von Christopher Kügelgen (2022).

61 Vgl. dazu auch Bershidsky (2014).

62 Vgl. Srnicek (2018); Staab (2019).

63 So mit Bezug auf Wendy Chun: Blom (2017), S. 12.

64 Chun (2016), S. 2.

[65] Auch diese Gedanken stützen sich auf Anregungen und gemeinsame Diskussionen mit Dimitrij Naumov.

[66] Diesen Hinweis verdanke ich Dominic Brakelmann.

[67] Baecker (2008), S. 7.

[68] Ernst (2002), S. 78.

[69] Vgl. Wikipedia, Artikel »Nichtflüchtiger Speicher«

[70] Ernst (2002), S. 80.

[71] Ebd.

[72] Ebd., S. 85f.

[73] Ebd., S. 87.

[74] Floridi (2015), S. 37.

[75] Vgl. etwa Wheeler (2015), S. 85–104.

[76] Craik, Jacoby (2023), Kap. 2 (E-Book).

[77] Bunz (2008), S. 17.

[78] Ebd., S. 18.

[79] Diese Themen waren im Jahr 2021 Gegenstand von Seminaren und Workshops mit Dimitrij Naumov an der Zeppelin Universität.

[80] Weiser (1991).

[81] Deleuze, Guattari (1992), S. 19ff. Die ›Flüchtigkeit‹ der Deterritorialisierung kommt hier außerdem in dem Begriff der »Fluchtlinien« zum Ausdruck.

[82] Fuller (1963), S. 276ff.

[83] Vgl. Wikipedia, Artikel »Ephemerisierung«.

[84] Boltanski, Esquerre (2018), S. 95.

[85] Ebd., S. 134.

[86] Boustani (2020), Klappentext.

[87] Ebd.

[88] Vgl. Studyfix, »Strukturwandel«.

[89] Vgl. Debord (1996); Schulze (1992).

[90] Boustani (2020), S. 18.

[91] Ebd., S. 92.

92 Mill (2009), S. 82.

93 Vgl. Benjamin (1991b), S. 1184f.; Menke (2022), S. 506.

94 Vgl. Sloterdijk (1999), S. 841.

95 Kastner (2018), S. 235. Den Verweis auf Kastner und weitere Anregungen verdanke ich der BA-Arbeit von Celina Marconi (2021) (unveröffentlicht).

96 Lies (2018), S. 208 f.

97 Alsindi (2021), S. 84.

98 Ebd.

99 Reichert (2021), S. 129.

100 Van den Dorpel (2021), S. 116.

101 Launay (2021), S. 98.

102 Aus philosophischer Perspektive hat zuletzt Martin Hägglund auf die historische Variabilität der Kategorie »Wert« hingewiesen und versucht, sie mit einer vornehmlich ethischen oder metaphysischen Bedeutung aufzuladen: »Für Marx hingegen ist das Wesen eines Wirtschaftssystems – das Wertmaß – selbst etwas, das historischer Veränderung unterliegt. Wir können das Wesen unserer Wirtschaft (unser Wertmaß) verändern und damit auch die Form, in der unsere ökonomischen Verhältnisse in Erscheinung treten.« Hägglund (2019), S. 217.

103 Boltanski, Esquerre (2018), S. 150.

104 Ebd., S. 16. Dieses an das kontraintuitive Verhältnis von Software und Hardware erinnernde Überschreiben der Dinge mit Geschichten kann mit einer konzeptionellen Unterscheidung der Designtheoretikerin Keller Easterling verdeutlicht werden. Im Gegensatz zur Objektform, etwa der äußeren Gestalt von Dingen, betont sie die Rolle aktiver Formen: »Eine Geschichte als aktive Form, wie immateriell und nicht-räumlich sie auch sein mag«, ist kein flüchtiges Beiwerk zu einer dauerhaften äußeren Gestalt von Dingen. Easterlings Beispiel ist *Suburban Housing*, das im Zusammenwirken mit patriarchalen und patriotischen Narrativen in der Nachkriegszeit nicht nur zu Millionen an Häusern, sondern auch zum Bau von Highways, Einkaufszentren und diversen anderen einschlägigen Infrastrukturen geführt hat – was uns auch lehrt, dass die Verflüchtigung der Objektform

durchaus keine Entmaterialisierung bedeutet. Easterling (2016), S. 90.

105 Boltanski, Esquerre (2018), S. 367.

106 Ebd., S. 363.

107 Ebd., S. 423.

108 Stagg (2016).

109 Ebd.

110 Ebd.

111 Hybrid Rituals (2021).

112 Boltanski, Esquerre (2018), S. 458.

113 Avanessian, Nestler (2015), S. 11ff.

114 So nach Angaben der Bank für Internationalen Zahlungsausgleich, zitiert aus: Wikipedia, Artikel »Derivat (Wirtschaft)«.

115 Vgl. Piketty (2014); sowie Adkins, Cooper, Konings (2020).

116 Knorr Cetina (2003), S. 7-23.

117 Marx, Engels (1959), S. 465.

118 Ebd.; englische Übersetzung von Samuel Moore, 1888, en.wikisource.org/wiki/Manifesto_of_the_Communist_Party/1 (Herv. A.A.); vgl. Berman (1988).

119 Z.B. Marx (1961), S. 4.

120 Keynes (1936), S. 248 (Satz im Original kursiv).

121 Piketty (2020), S. 621, 701.

122 Ebd., S. 621.

123 Vgl. Nietzsche (1999c), S. 126.

124 Vgl. dazu Avanessian, Nestler (2015), S. 7.

125 Appadurai (2016), S. 92.

126 Ayache (2008), S. 48.

127 Mack, Khare (2016a), S. 8.

128 Luhmann (1997), S. 1085.

129 Korte, Scobel, Yildiz (2022a), S. 15.

130 Goldsmith (2007).

131 Vgl. Fuller (1963), S. 276ff.

132 Mack, Khare (2016a), S. 6.

133 Ebd.

134 Eymann (2016), S. 227.

135 Zit. nach Mintzberg (1994), Kap. 1, »Jelinek's Case for Planning«.

136 Ebd. »What Is Planning Anyway?«.

137 Ebd., »Planners, Plans, and Planning«.

138 Mintzberg (2013a).

139 Vgl. Taleb (2008); Ayache (2010).

140 Mintzberg (1973); Mintzberg (2013b).

141 Mann (1989), S. 268.

142 Stefanovic (2018).

143 Die Ausführungen zu agilem Management verdanken sich zu großem Teil gemeinsamen Workshops mit Dimitrij Naumov an der Zeppelin Universität. Zu einem insgesamt neuen Verständnis von Hierarchie und Autonomie in einem Netzwerk »agiler Einheiten« vgl. Dörr, Immerthal, Naumov (2020).

144 Kent Beck (2001).

145 Vgl. Bryar, Carr (2021a).

146 Vgl. Avanessian (2022), S. 91f., 250ff., 298f.

147 Boltanski, Esquerre (2018), S. 173f.

148 Malik (2014), S. 651. Vgl. dazu Nitzan, Bichler (2009).

149 Galbraith, zit. nach Mintzberg (2013a), Kap. 1, »Why Plan (According to Planners)?«

150 Zum theoretischen Spannungsfeld des Akzelerationsbegriffs vgl. Avanessian (2013), Avanessian (2014).

151 Piketty (2020), S. 701.

152 Beck (2001) u. a.

153 Gimpl, Dakin (1984), S. 125.

154 Mintzberg (2013a), Kap. 1, »And What Is Strategy?«.

155 Zit. nach Dörr, Immerthal, Naumov (2020), S. 46.

156 Weick (1995), S. 184. Vgl. dazu auch Koschorke (2022), S. 197f.

[157] So der Amazon-Manager Ian McAllister, zit. nach Bariso (2019). Vgl. Bryar, Carr (2021a).

[158] Wulff (2020).

[159] Diese Formulierung stammt wie der Hinweis auf Google X von Dimitrij Naumov.

[160] Dörr, Immerthal, Naumov (2020), S. 37.

[161] Vgl. Peterson (2016).

[162] McCracken, Grossman (2013).

[163] Vgl. etwa Musks Tweet vom 11.03.2020: twitter.com/elonmusk/status/1237763237212553219.

[164] So etwa Facebook-Gründer Mark Zuckerberg, der seinen Konzern 2021 in »Meta Platforms« umbenannte, um fortan an der Entwicklung eines Metaverse zu arbeiten. Vgl. Zeit Online (2021).

[165] Priddat (2007), S. 42.

[166] Ebd., S. 45.

[167] Boltanski, Esquerre (2018), S. 568, 404.

[168] Vgl. etwa zuletzt den Film von Ridley Scott, *House of Gucci*, 2021.

[169] Vgl. Borges (1993).

[170] Pynchon (1981), S. 9.

[171] Simon (1992), S. 19.

[172] Vgl. dazu Avanessian, Hennig (2012).

[173] Fukuyama meinte damit das Ende des Systemstreits zwischen Kapitalismus und Kommunismus und den Sieg der liberalen Demokratie: Fukuyama (1992).

[174] Vgl. A. Mitscherlich, M. Mitscherlich (1967).

[175] Vgl. Freud (1982), S. 193-212.

[176] Mbembe (2021), S. 28.

[177] Moten (2018), S. 131.

[178] Halberstam (2013), S. 11.

[179] Nail (2015a).

[180] Khanna (2021a), S. 24. Die deutsche Übersetzung, Khanna (2021b), enthält diese Passage nicht, vgl. S. 53ff.

181 Khanna (2021a), S. 275; vgl. (Khanna 2021b), S. 410f.

182 Nail (2015b), S. 235: »Die meisten Menschen bewegen sich heute zunehmend irgendwo auf dem Spektrum der Migration, von der globalen Touristin bis zur undokumentierten Arbeitskraft. Infolgedessen erfahren sie (unter anderem) ein gewisses Maß an Entbehrung oder Ausschluss aus ihrem sozialen Status. In diesem Sinne ist die Figur der Migrant'in kein ›Menschentyp‹ oder eine feste Identität, sondern eine bewegliche soziale Position oder eben ein Spektrum, in das Menschen unter bestimmten gesellschaftlichen Mobilitätsbedingungen hinein- und aus dem sie wieder herausfallen [...] Was Nomaden, Barbaren, Vagabunden und Proletarier als migrantische Subjekte ausmacht, ist die Tatsache, dass jede dieser Figuren in einer ihr eigenen Form von Ausschluss verdrängt und zur Mobilität gezwungen wird. Bezogen auf das Territorium ist die Nomadin diejenige, die von ihrem Land ausgeschlossen wird; bezogen auf die politische Ordnung ist der Barbar derjenige, der aus der Politik ausgeschlossen wird; bezogen auf die rechtliche Ordnung ist der Vagabund derjenige, der durch Gesetze ausgeschlossen wird; und bezogen auf die wirtschaftliche Ordnung ist die Proletarierin diejenige, die von den Produktionsmitteln ausgeschlossen wird.«

183 Agamben (2001), S. 22. Vgl. Nail (2015b), S. 17. Die vor den Nazis aus Deutschland geflohene Hannah Arendt nannte schon 1943 Flüchtlinge die »Avantgarde ihrer Völker«: Arendt (1989), S. 7-21.

184 Vgl. Rancière (2002).

185 Nail (2015b), S. 12.

186 Bhambra, Holmwood (2021), S. 13.

187 Diese Argumentation gilt natürlich vor allem für die ehemaligen Kolonialstaaten, weniger für die Migrationsfeindlichkeit etwa in Osteuropa.

188 Vgl. Bhambra, Holmwood (2021), S. 45; Marx (1961), S. 4.

189 So der ehemalige Ministerpräsident und Außenminister Italiens, Paolo Gentiloni, zit. nach Heins (2021), S. 103.

190 Bei Meillassoux heißt es: »[D]ie Vergangenheit [...] ist unvorhersehbar.« Meillassoux (2013), S. 95.

191 Bhambra, Holmwood (2021), S. 9.

192 Nail (2015b), S. 3

193 Hegel (1996), S. 438. Vgl. Nail (2015b), S. 139.

194 Khanna (2021a), S. 4. Auch diese Passage fehlt in der deutschen Übersetzung: Vgl. Khanna (2021b), S. 25.

195 Foucault (1974), S. 462.

196 Ward, Brownlee (2000).

197 Vgl. ebd., S. xxvii; sowie Heller, Armstrong (2014), S. 50-66; Catling (2013), S. 62.

198 Beide Zitate in Azarian (2022), Kap. 7 (E-Book).

199 Nietzsche (1999b), S. 480ff.

200 Vgl. dazu den Film von Christopher Roth und Armen Avanessian, *Hyperstition*, 2016, www.hyperstition.org.

201 Žižek (2014), S. 43.

202 Ebd., S. 90, 80.

203 Den Hinweis auf Speth verdanke ich Anke Hennig.

204 Vgl. Sherman (2018), S. 8: »Chemische Reaktionen sind flüchtig aufgrund des Zweiten Hauptsatzes der Thermodynamik.«

Bibliographie

Lisa Adkins, Melinda Cooper, Martijn Konings (2020), *The Asset Economy*, Cambridge.

Giorgio Agamben (2001), »Jenseits der Menschenrechte«, in: ders, *Mittel ohne Zweck. Noten zur Politik*, Freiburg i. B., Berlin, S. 21-30.

Wassim Z. Alsindi (2021), »The Revolution Will Not Be Tokenised«, *Spike*, 70 (Winter 2021/22), S. 80-87.

Arjun Appadurai (2016), *Banking on Words. The Failure of Language in the Age of Derivative Finance*, Chicago.

Hannah Arendt (1989), »Wir Flüchtlinge«, in: dies., *Zur Zeit. Politische Essays*, Berlin, S. 7-21.

Armen Avanessian, Anke Hennig (2012), *Präsens. Poetik eines Tempus*, Zürich.

Armen Avanessian (Hg.) (2013) *#Akzeleration*, Berlin.

– und Robin Mackay, (Hg.) (2014), *#Akzeleration#2*, Berlin.

– und Gerald Nestler (2015), »Einleitung«, in: dies. (Hg.), *Making of Finance*, Berlin, S. 7-25.

– (2022) *Konflikt. Von der Dringlichkeit, Probleme von morgen schon heute zu lösen*, Berlin.

Elie Ayache (2008), »The French Theory of Speculation. Part II: Necessity of the Future«, *Wilmott*, 02/2008, S. 44-49.

– (2010) *The Blank Swan. The End of Probability*, Chichester.

Bobby Azarian (2022), *The Romance of Reality. How the Universe Organizes Itself to Create Life, Consciousness, and Cosmic Complexity*, Dallas.

Dirk Baecker (2008), »Vorwort«, in: Mercedes Bunz, *Vom Speicher zum Verteiler. Die Geschichte des Internet*, Berlin, S. 7-10.

Justin Bariso (2019), »Amazon Has a Secret Weapon Known as ›Working Backwards‹ – and It Will Transform the Way You Work«, *Inc.*, 06.12.2019, www.inc.com/justin-bariso/amazon-uses-a-secret-process-for-launching-new-ideas-and-it-can-transform-way-you-work.html.

Charles Baudelaire (1980), »Die Fotografie und das moderne Publikum« [1859], in: Wolfgang Kemp u. a. (Hg.), *Theorie der Fotografie*, Bd. 1, München, S. 110-113.

– (1988) »Der Maler des modernen Lebens« [1863], in: ders., *Das Schöne, die Mode und das Glück. Constantin Guys, der Maler des modernen Lebens*, Berlin.

– (1991) »Tableaux Parisiens«, in: Walter Benjamin, *Kleine Prosa, Baudelaire-Übertragungen* (= *Gesammelte Schriften*, Bd. IV.1), Frankfurt/M., S. 7-64, 40f.

Zygmunt Bauman (2003), *Flüchtige Moderne*, Frankfurt/M.

Kent Beck u. a. (2001), *Manifesto for Agile Software Development*, agilemanifesto.org/.

Walter Benjamin (1991a), *Gesammelte Schriften* (GS), Frankfurt/M.

– (1991b) »Charles Baudelaire. Ein Lyriker im Zeitalter des Hochkapitalismus«, *GS*, Bd. I.2, S. 509-690.

– (1991c) »Das Kunstwerk im Zeitalter seiner technischen Reproduzierbarkeit«, *GS*, Bd. I.2, S. 431-508.

– (1991d) »Erfahrung und Armut«, *GS*, Bd. II.1, S. 213-218.

– (1991e) »Kleine Geschichte der Photographie«, *GS*, Bd. II.1, S. 368-385.

Marshall Berman (1988), *All That Is Solid Melts Into Air. The Experience of Modernity*, New York.

Leonid Bershidsky (2014), »Here Comes Generation Z«, *Bloomberg*, 18.06.2014, www.bloomberg.com/opinion/articles/2014-0618/nailing-generation-z.

Gurminder K. Bhambra, John Holmwood (2021), *Colonialism and Modern Social Theory*, Cambridge.

Ina Blom (2017), »Introduction: Rethinking Social Memory. Archives, Technology, and the Social«, in: dies. u. a. (Hg.), *Memory in Motion. Archives, Technology, and the Social*, Amsterdam, S. 11-38.

Gernot Böhme (2013), »Die sanfte Kunst des Ephemeren«, in: Mira Fliescher u. a. (Hg.), *Sichtbarkeiten I. Erscheinen. Zur Praxis des Präsentiven*, Zürich, S. 87-108.

Luc Boltanski, Arnaud Esquerre (2018), *Bereicherung. Eine Kritik der Ware*, Berlin.

Jorge Luis Borges (1993), *Fiktionen*, Frankfurt/M.

Ghalia Boustani (2020), *Ephemeral Retailing. Pop-up Stores in a Postmodern Consumption Era*, London.

James Bridle (2019), *New Dark Age. Der Sieg der Technologie und das Ende der Zukunft*, München.

Colin Bryar, Bill Carr (2021a), »Have We Taken Agile Too Far?«, *Harvard Business Review*, 09.04.2021, hbr.org/2021/04/have-we-taken-agile-too-far.

– (2021b) *Working Backwards. Insights, Stories, and Secrets from Inside Amazon*, London.

Christine Buci-Glucksmann (2003), *Esthétique de l'éphémère*, Paris.

Mercedes Bunz (2008), *Vom Speicher zum Verteiler. Die Geschichte des Internet*, Berlin.

Eltjo Buringh, Jan Luiten van Zanden (2009), »Charting the ›Rise of the West‹. Manuscripts and Printed Books in Europe, A Long-Term Perspective from the Sixth through Eighteenth Centuries«, in: *The Journal of Economic History*, 69.2, S. 409-445.

David C. Catling (2013), *Astrobiology. A Very Short Introduction*, Oxford.

Immanuel Chi u. a. (2002a), »Einleitung: Ephemer_temporär_provisorisch«, in: dies. (2002b), S. 6f.

– (Hg.) (2002b), *Ephemer_temporär_provisorisch*, Essen.

Wendy Hui Kyong Chun (2016), *Updating to Remain the Same. Habitual New Media*, Cambridge.

Fergus Craik, Larry Jacoby (2023), *Memory*, Cambridge.

Guy Debord (1996), *Die Gesellschaft des Spektakels* [1967], Berlin.

Gilles Deleuze, Félix Guattari (1992), *Tausend Plateaus. Kapitalismus und Schizophrenie II* [1980], Berlin.

Lothar Dörr, Lars Immerthal, Dimitrij Naumov (2020), *Sturmreiter. Strategien der TecDax-Konzerne. Eine Studie von Alex & Verne.*

Harm van den Dorpel (2021), »The Squircle of Life«, im Gespräch mit Tina Rivers Ryan, *Spike*, 70 (Winter 2021/22), S. 110-119.

Keller Easterling (2016), *Extrastatecraft. The Power of Infrastructure Space*, London.

Wolfgang Ernst (2002), »Temporary Items. Die Beschleunigung des Archivs«, in: Chi u. a. (2002b), S. 77-88.

Torsten Eymann (2016), »The Uncertainty of Information Systems: Cause or Effect of VUCA?«, in: Mack (2016b), S. 227-240.

Luciano Floridi (2015), *Die 4. Revolution. Wie die Infosphäre unser Leben verändert*, Berlin.

Michel Foucault (1974), *Die Ordnung der Dinge*, Frankfurt/M.

– (1990) »Was ist Aufklärung?«, in: Eva Erdmann u. a. (Hg.), *Ethos der Moderne. Foucaults Kritik der Aufklärung*, Frankfurt/M., S. 35-54.

Sigmund Freud (1969ff), *Studienausgabe*, Frankfurt/M.

– (1982) »Trauer und Melancholie«, in: ders., *Psychologie des Unbewussten, Studienausgabe*, Bd. 3, S. 193-212.

– (1994), »Notizen über den Wunderblock« [1925], *Studienausgabe*, Bd. 3, S. 363-369.

– (2007) »Ratschläge für den Arzt bei der psychoanalytischen Behandlung« [1912], in: ders., *Schriften zur Behandlungstechnik, Studienausgabe*, Erg.-Bd., Frankfurt/M., S. 175f.

Francis Fukuyama (1992), *Das Ende der Geschichte. Wo stehen wir?*, München.

Richard Buckminster Fuller (1963), *Nine Chains to the Moon* [1938], Carbondale.

Martin L. Gimpl, Stephen R. Dakin (1984), »Management and Magic«, in: *California Management Review*, 27.1 (Okt. 1984), S. 125-136.

Marshall Goldsmith (2007), *What Got You Here Won't Get You There. How Successful People Become Even More Successful*, New York.

Paul Grainge (2011a), »Introduction: Ephemeral Media«, in: ders. (2011b), S. 1-19.

– (Hg.) (2011b), *Ephemeral Media. Transitory Screen Culture from Television to YouTube*, London.

Martin Hägglund (2019), *This Life. Secular Faith and Spiritual Freedom*, New York.

Daniela Hahn (2015), *Epistemologien des Flüchtigen. Bewegungsexperimente in Kunst und Wissenschaft um 1900*, Freiburg.

Jack Halberstam (2013), »The Wild Beyond. With and for the Undercommons«, in: Stefano Harney, Fred Moten, *The Undercommons. Fugitive Planning and Black Study*, New York, S. 2-13.

Georg Wilhelm Friedrich Hegel (1996), *Vorlesungen über die Philosophie der Weltgeschichte. Berlin 1822/1823* (= *Vorlesungen. Ausgewählte Nachschriften und Manuskripte*, Bd. 12), Hamburg.

Stefanie Heine, Sandro Zanetti (2017a), »Einleitung«, in: dies. (2017b), S. 9-32.

– (2017b) (Hg.), *Transaktualität. Ästhetische Dauerhaftigkeit und Flüchtigkeit*, Paderborn.

Volker M. Heins (2021), *Offene Grenzen für Alle. Eine notwendige Utopie*, Hamburg.

René Heller, John Armstrong (2014), »Superhabitable Worlds«, in: *Astrobiology*, 14.1, S. 50-66.

Hybrid Rituals (2021), »How To Become A Sustainable Fashion Influencer With Digital Clothing«, 07.04.2021, hybrid-rituals.com/how-to-sustainable-fashion-influencer-digital-clothing/.

Harold A. Innis (1968), *The Bias of Communication* [1951], Toronto.

Sonja Kastner (2018), »Die Kunst der Verknappung – Kommunikationsstrategien für Luxusmarken«, in: Pietzcker (2018), S. 233-250.

John Maynard Keynes (1936), *Allgemeine Theorie der Beschäftigung, des Zinses und des Geldes*, Berlin.

Parag Khanna (2021a), *Move. The Forces Uprooting Us*, New York.

– (2021b), *Move. Das Zeitalter der Migration*, Hamburg.

Friedrich Kittler (1985), *Aufschreibesysteme 1800/1900*, München.

Karin Knorr Cetina (2003), »From Pipes to Scopes. The Flow Architecture of Financial Markets«, in: *Distinktion*, 7, S. 7–23.

Lena Korn (2012), »Resilienz – Eine interdisziplinäre Annäherung an Konzept und Forschung«, *in: Praxis der Kinderpsychologie und Kinderpsychiatrie*, 61.5, S. 305-321, hdl.handle.net/20.500.11780/3705.

Karl-Rudolf Korte, Gert Scobel, Taylan Yildiz (2022a), »Politisches Entscheiden. Zwischen Komplexität, Kontingenz und Kunstfertigkeit«, in: Korte (2022b), S. 7-22.

– u. a. (Hg.) (2022b), *Heuristiken des politischen Entscheidens*, Berlin.

Albrecht Koschorke (2022), »Erzählen und Entscheiden. Zur Poetologie von Heuristiken«, in: Korte u. a. (2022b), S. 189-202.

Reinhart Koselleck (1979), *Vergangene Zukunft. Zur Semantik geschichtlicher Zeiten*, Frankfurt/M.

Joachim Krausse (2001), »Ephemer«, in: Karlheinz Barck (Hg.), *Ästhetische Grundbegriffe. Historisches Wörterbuch in sieben Bänden*, Stuttgart, Weimar, S. 240-260.

Svenja Kriebel (2002), »Ephemere Kunst in den 60er und frühen 70er Jahren – ein Spiel mit der Zeit«, in: Chi u. a. (2002b), S. 128-139.

Christopher Kügelgen (2022), »Flüchtigkeit in Social Media«, Seminararbeit, Zeppelin Universität Friedrichshafen (unveröffentlicht).

Aude Launay (2021), »Sarah Friend. Endgame Theory«, *Spike*, 70 (Winter 2021/22), S. 98f.

Jan Lies (2018), »Ästhetik als Erfolgsfaktor im Kommunikationsmanagement – nicht nur für Luxus-Modemarken«, in: Pietzcker (2018), S. 197-212.

Bernard London (1932), *Ending the Depression Through Planned Obsolescence*, New York.

Niklas Luhmann (1997), »Disziplinierung durch Kontingenz. Zu einer Theorie des politischen Entscheidens«, in: S. Hradil (Hg.), *Differenz und Integration: die Zukunft moderner Gesellschaften. Verhandlungen des 28. Kongresses der Deutschen Gesellschaft für Soziologie in Dresden 1996*, Frankfurt/M., S. 1075-1087.

Oliver Mack, Anshuman Khare (2016a), »Perspectives on a VUCA World«, in: Mack (2016b), S. 3-20.

– u. a. (2016b) (Hg.), *Managing in a VUCA World*, Cham.

Suhail Malik (2014), »The Ontology of Finance. Price, Power, and the Arkhéderivative«, in: Robin MacKay (Hg.), *Collapse*, VIII, Falmouth, S. 629-811.

Thomas Mann (1989), *Buddenbrooks. Verfall einer Familie* [1901], Frankfurt/M.

Celina Marconi (2021), *Gender Gap in Venture Capital Funding – Do Women Contribute to an Unequal Distribution of Venture Capital Funding*, BA-Arbeit, Zeppelin Universität Friedrichshafen (unveröffentlicht).

Karl Marx (1961), »[Rede auf der Jahresfeier des ›People's Paper‹ am 14. April 1856 in London]«, in: ders. / Friedrich Engels, *Werke* (MEW), Bd.12, Berlin, S. 3-4, 3.

Karl Marx, Friedrich Engels (1956), *Werke* (MEW), 44 Bde., Berlin 1956ff.

– (1959), *Manifest der Kommunistischen Partei* [1848], in: MEW, Bd. 4, S. 459-493, 465

Achille Mbembe (2021), *Out of the Dark Night. Essays on Decolonization*, New York.

Harry McCracken, Lev Grossman (2013), »Google vs. Death«, *Time*, 30.09.2013, time.com/574/google-vs-death/.

Christoph Menke (2022), *Theorie der Befreiung*, Berlin.

Quentin Meillassoux (2013), »Zeit ohne Werden«, *Spike*, 35, S. 91-105.

John Stuart Mill (2009), *Über die Freiheit* [1859], Hamburg.

Henry Mintzberg (1973), *The Nature of Managerial Work*, New York.

– (1994) »The Fall and Rise of Strategic Planning«, *Harvard Business Review*, Jan-Feb 1994, hbr.org/1994/01/the-fall-and-rise-of-strategic-planning.

– (2013a) *The Rise and Fall of Strategic Planning. Reconceiving Roles for Planning, Plans, Planners* [1994], New York.

– (2013b) *Simply Managing. What Managers Do – and Can Do Better*, Harlow.

Alexander Mitscherlich, Margarete Mitscherlich (1967), *Die Unfähigkeit zu trauern. Grundlagen kollektiven Verhaltens,* München.

Elli Mosayebi (o. J.), »Flüchtigkeit«, mosayebi.arch.ethz.ch/thesaurus/fluechtigkeit.

Fred Moten (2018), *Stolen Life*, Durham.

Camilla Murgia (2021), »Introduction: Staging the Temporary. The Fragile Character of Space«, in: dies./ Dominique Bauer (Hg.), *Ephemeral Spectacles, Exhibition Spaces and Museums. 1750-1918*, Amsterdam, S. 7-18.

Thomas Nail (2015a), »On Destroying What Destroys You«, Interview von Jose Rosales, *Hostis. A Journal of Incivility*, Issue 2, June 2015, [incivility.org/2015/06/30/on-destroying-what-destroys-you-an-interview-with-thomas-nail/]

– (2015b) *The Figure of the Migrant*, Stanford

Katharina Neuburger (2014), *Marcel Duchamp, New York und das Readymade, 1912–1917*, Schwerin. [www.museum-schwerin.de/export/sites/museum/.galleries/dokumente/LectureNotes1.pdf]

Friedrich Nietzsche (1999a), *Kritische Studienausgabe* (KSA), München.

– (1999b) *Die fröhliche Wissenschaft*, Nr. 125, Bd. 3, München.

– (1999c) *Jenseits von Gut und Böse. Vorspiel einer Philosophie der Zukunft*, Nr. 203, KSA, Bd. 5, München.

Jonathan Nitzan, Shimshon Bichler (2009), *Capital as Power. A Study of Order and Creorder*, London.

Jürgen Osterhammel (2009), *Die Verwandlung der Welt. Eine Geschichte des 19. Jahrhunderts*, München.

Joyce Peterson (2016), »The Jackson Laboratory and Calico to investigate basic biology of aging«, Pressemitteilung, 26.04.2016, www.jax.org/news-and-insights/2016/april/calico-jax-aging.

Dominik Pietzcker u. a. (Hg.) (2018), *Luxus als Distinktionskategorie. Kommunikation in der internationalen Luxus- und Fashionindustrie*, Wiesbaden.

Thomas Piketty (2014), *Das Kapital im 21. Jahrhundert*, München.

– (2020) *Kapital und Ideologie*, München.

Pindar (1986), *Oden*, Stuttgart.

Birger P. Priddat (2007), »Welche Innovationen wir brauchen und warum – Innovation und Emerging Markets«, in: Klaus Kornwachs (Hg.), *Bedingungen und Triebkräfte technologischer Innovationen*, Stuttgart, S. 35-48.

Thomas Pynchon (1981), *Die Enden der Parabel* [1973], Reinbek.

Jacques Rancière (2002), *Das Unvernehmen*, Frankfurt/M.

Kolja Reichert (2021), »Are NFTs a social fiction?«, *Spike*, 70 (Winter 2021/22), S. 129.

Ralf Schnell, Georg Stanitzek (2015), »Ephemeres. Mediale Innovationen 1900/2000«, in: dies (Hg.), *Ephemeres. Mediale Innovationen 1900/2000*, Bielefeld, S. 7-12.

Gerhard Schulze (1992), *Die Erlebnisgesellschaft. Kultursoziologie der Gegenwart*, Frankfurt/M.

William Shakespeare (2003), *The Sonnets, Die Sonette*, Stuttgart.

Jeremy Sherman (2018), *Neither Ghost Nor Machine. The Emergence and Nature of Selves*, New York.

Claude Simon (1992), *Georgica* [1981], Reinbek.

Peter Sloterdijk (1999), *Sphären. 2, Globen*, Frankfurt/M.

Nick Srnicek (2018), *Plattform-Kapitalismus*, Hamburg.

Philipp Staab (2019), *Digitaler Kapitalismus. Markt und Herrschaft in der Ökonomie der Unknappheit*, Berlin.

Natasha Stagg (2016), »Trends and Their Discontents«, Berlin Biennale 2016, bb9.berlinbiennale.de/trends-and-their-discontents/.

Ivan Stefanovic (2018), »Developing Strategies in the Era of Ephemeral Advantages«, Linkedin, 01.09.2018, www.linkedin.com/pulse/developing-strategies-era-ephemeral-advantages-ivan-stefanovic-phd.

Studyfix, »Strukturwandel«, studyflix.de/wirtschaft/strukturwandel-4785.

Nassim Nicholas Taleb (2008), *Der Schwarze Schwan. Die Macht höchst unwahrscheinlicher Ereignisse*, München.

Frederick Winslow Taylor (1919), *Die Grundsätze wissenschaftlicher Betriebsführung* [1911], München.

William Uricchio (2011), »The Recurrent, the Recombinatory and the Ephemeral«, in: Grainge (2011b).

Peter D. Ward, Donald Brownlee (2000), *Unsere einsame Erde. Warum komplexes Leben im Universum unwahrscheinlich ist*, Berlin.

McKenzie Wark (2021), *Das Kapital ist tot. Kommt jetzt etwas Schlimmeres?*, Leipzig.

Karl E. Weick (1995), *Sensemaking in Organizations*, Thousand Oaks.

Mark Weiser (1991), »The Computer for the 21st Century«, in: *Scientific American. Communications, Computers, and Networks*, September 1991, S. 94-104.

Michael Wheeler (2015), »Thinking Beyond the Brain. Educating and Building from the Standpoint of Extended Cognition«, in: Matteo Pasquinelli (Hg.), *Alleys of Your Mind. Augmented Intelligence and Its Traumas*, Lüneburg, S. 85-104.

Wikipedia, Artikel »Derivat (Wirtschaft)«, de.wikipedia.org/wiki/Derivat_(Wirtschaft).

– »Ephemerisierung«, de.wikipedia.org/wiki/Ephemerisierung.
– »Nichtflüchtiger Speicher«, de.wikipedia.org/wiki/Nichtflüchtiger_Speicher.

Cornelia Wild (2017), »Poetik der Flüchtigkeit. Baudelaire, Breton, Proust«, in: Heine, Zanetti, S. 95-106.

Ole Wulff (2020), »Rückwärts arbeiten, um vorwärts zu kommen!«, *aboutamazon.de*, 04.08.2020, www.aboutamazon.de/news/gemeinschaft/rueckwaerts-arbeiten-um-vorwaerts-zu-kommen.

Zeit Online (2021), »Facebook-Konzern heißt künftig Meta«, 28.10.2021, www.zeit.de/digital/2021-10/facebook-konzern-heisst-kuenftig-meta.

Slavoj Žižek (2014), *Was ist ein Ereignis?*, Frankfurt/M.

INTERNATIONALER MERVE DISKURS
WWW • MERVE • DE

Von Armen Avanessian sind bisher bei Merve erschienen

2019 IMD 490 ♦ mit Anke Hennig ♦ *ONE + ONE. Spekulative Poetik von Feminismus, Algorithmik, Politik und Kapital*

IMD 491 ♦ mit Anke Hennig ♦ *I – I. Spekulative Poetik von Feminismus, Algorithmik, Politik und Kapital*

2018 IMD 463 ♦ *Metaphysik zur Zeit*

IMD 451 ♦ Hg. mit Mahan Moalemi ♦ *Ethnofuturismen* ♦ übers. v. Ronald Voullié ♦ Beiträge von Sophia Al-Maria, Fatima Al Qadiri, Monira Al Qadiri, Aria Dean, Kodwo Eshun, Steve Goodman, Anna Greenspan, Karen Orton

2017 IMD 445 ♦ *Miamification*

2016 IMD 436 ♦ Hg. mit Suhail Malik ♦ *Der Zeitkomplex. Postcontemporary* ♦ übers. v. Ronald Voullié ♦ Illustrationen von Andreas Töpfer ♦ Beiträge von Benjamin Bratton, Elena Esposito, Victoria Ivanova, Laboria Cuboniks, Aiwah Ong, David Roden, Nick Srnicek, Alex Williams

2015 IMD 430 ♦ Hg. mit Gerald Nestler ♦ *Making of Finance* ♦ übers. v. Jacqueline Csuss und Gerald Nestler ♦ Beiträge von Elie Ayache, Haim Bodek, Philippe Henrotte, Rishi K Narang, Edward Oakley Thorp

IMD 425 ♦ Hg. mit Helen Hester ♦ *dea ex machina* ♦ übers. v. Stephan Geene, Gesine Strempel, Jennifer Sophia Theodor ♦ Beiträge von Rosi Braidotti, Shulamith Firestone, Donna Haraway, Laboria Cuboniks, Lisa Nakamura, Alexandra Pirici, Nina Power, Paul B. Preciado, Raluca Voinea

IMD 420 ♦ Hg. mit Suhail Malik, Christoph Cox, Jenny Jaskey ♦ *Realismus / Materialismus / Kunst* ♦ übers. v. Ronald Voullié ♦ Beiträge von Elie Ayache, Amanda Beech, Ray Brassier, Mikko Canini, Tristan Garcia, Iain Hamilton Grant, Terry Horgan, Suhail Malik, Reza Negarestani, Trevor Paglen, Matthew Poole, Matjas Potrc, Joao Ribas, Nick Srnicek, Eugene Thacker, McKenzie Wark

2014 IMD 421 ♦ *Überschrift. Ethik des Wissens – Poetik der Existenz*

IMD 415 ♦ Hg. mit Robin Mackay ♦ *#Akzeleration#2* ♦ übers. v. Hannah Wallenfels und Moritz Gansen ♦ Beiträge von Ray Brassier, Nick Land, Antonio Negri, Nick Srnicek, Tiziana Terranova, Alex Williams

IMD 407 ♦ mit Anke Hennig ♦ *Metanoia. Spekulative Ontologie der Sprache*

2013 IMD 406 ♦ Hg. mit Robin Mackay ♦ *#Akzeleration* ♦ übers. v. Thomas Atzert, Serhat Karakayali, Bernd Klöckener, Danilo Scholz, Samir Sellami, Ulrike Stamm, Jan Georg Tabor, Frederik Tidén ♦ Beiträge von Franco ›Bifo‹ Berardi, Nick Land, Patricia MacCormack, Benjamin Noys, Matteo Pasquinelli, Daniel Rubinstein, Nick Srnicek, Alex Williams

IMD 399 ♦ Hg. mit Björn Quiring ♦ *Abyssus Intellectualis. Spekulativer Horror* ♦ übers. v. Roland Frommel, Andreas Pöschl, Ulrike Stamm, Franz Rottensteiner, Peter Robert, Helma Schleif ♦ Illustrationen von Andreas Töpfer ♦ Beiträge von Ray Brassier, Nick Land, Antonio Negri, Nick Srnicek, Tiziana Terranova, Alex Williams

IMD 347 ♦ *Realismus Jetzt. Spekulative Philosophie und Metaphysik für das 21. Jahrhundert* ♦ übers. v. Ronald Voullié ♦ Beiträge von Ray Brassier, Paul Churchland, Iain Hamilton Grant, Graham Harman, François Laruelle, Quentin Meillassoux, Reza Negarestani, Alberto Toscano

INTERNATIONALER MERVE DISKURS
WWW • MERVE • DE

IMD 513 ♦ Alexandre Kojève ♦ *Zum Problem einer diskreten »Welt«* ♦ hg. v. Isabel Jacobs

IMD 510 ♦ Daniel Falb ♦ *Mystique der Weltbevölkerung*

IMD 505 ♦ Monique Wittig ♦ *Das straighte Denken* ♦ übers. v. von Benjamin Dittmann und Arabel Summent

IMD 504 ♦ Ray Brassier ♦ *Logiken der Entfremdung* ♦ übers. v. Carla Cerda

IMD 503 ♦ Didier Deleule, François Guery ♦ *Der produktive Körper* ♦ hg. v. Henning Schmidgen ♦ übers. v. Ronald Voullié

IMD 502 ♦ Julietta Singh ♦ *Kein Archiv wird Dich wiederherstellen* ♦ übers. v. Lena Schmidt

IMD 500 ♦ Félix Guattari ♦ *Schizoanalytische Kartografien* ♦ übers. v. Christian Driesen

IMD 499 ♦ Dirk Baecker ♦ *Katjekte*

IMD 498 ♦ Daniel Falb ♦ *COVID und Lebensform*

IMD 497 ♦ Sophia Eisenhut ♦ *EXERCITIA S. Catarinae de Manresa*

IMD 495 ♦ Giorgio Agamben ♦ *Wenn das Haus brennt* ♦ übers. v. Andreas Hiepko

IMD 493 ♦ Félix Guattari ♦ *Eine Liebe von UIQ* ♦ übers. v. Stefan Pethke

IMD 492 ♦ Donatella Di Cesare ♦ *Die Zeit der Revolte* ♦ übers. v. Daniel Creutz

IMD 489 ♦ Sianne Ngai ♦ *Das Niedliche und der Gimmick* ♦ übers. v. Christina Dongowski

IMD 488 ♦ Legacy Russell ♦ *Glitch Feminismus* ♦ übers. v. Ann Cotten, Barbara Eder, Franziska Füchsl, Mark Kanak, Jakob Kraner, Claire Palzer, Fiona Sironic, Lotta Thießen, Bradley Williams Cohen

IMD 487 ♦ McKenzie Wark ♦ *Das Kapital ist tot. Kommt jetzt etwas Schlimmeres?* ♦ übers. v. Tom Wohlfarth

IMD 486 ♦ Coralie Camilli ♦ *Kampfkunst* ♦ übers. v. Nicolas Schneider

IMD 485 ♦ Andrea Long Chu ♦ *Females* ♦ übers. v. Lea Sauer

IMD 483 ♦ Barbara Vinken ♦ *Bel Ami*

IMD 481 ♦ Divya Victor ♦ *Scheingleichheit* ♦ übers. v. Lena Schmidt

IMD 480 ♦ Dirk Baecker ♦ *Intelligenz, künstlich und komplex*

IMD 479 ♦ Laurent de Sutter ♦ *Was ist Pop'Philosophie?* ♦ übers. v. Ronald Voullié

IMD 478 ♦ Thomas Keenan, Eyal Weizman ♦ *Mengeles Schädel* ♦ übers. v. Herwig Engelmann

IMD 476 ♦ Keller Easterling ♦ *Mediumdesign* ♦ übers. v. Lena Schmidt

IMD 475 ♦ Fred Moten, Stefano Harney ♦ *Eine Poetik der Undercommons* ♦ übers. v. Lena Schmidt

IMD 474 ♦ Henning Schmidgen ♦ *Die Guattari-Tapes* ♦ übers. v. Ronald Voullié ♦ mit Beiträgen v. Antonio Negri, Jean Oury, Jean-Claude Polack, Élisabeth Roudinesco, Danielle Sivadon, Paul Virilio

IMD 473 ♦ Alexandre Kojève ♦ *Der Begriff der Autorität* ♦ übers. v. Philipp Wüschner

IMD 472 ♦ *Italian Theory* ♦ hg. v. Antonio Lucci, Esther Schomacher, Jan Söffner ♦ übers. v. Daniel Creutz, Andreas Gipper, Federica Romanini ♦ mit Beiträgen v. Giorgio Agamben, Elena Esposito, Roberto Esposito, Dario Gentili, Maurizio Lazzarato, Enrica Lisciani-Petrini, Antonio Negri, Paolo Virno

IMD 471 ♦ *Para-Plattformen* ♦ hg. v. Markus Miessen, Zoë Ritts ♦ übers. v. Uli Nickel ♦ mit Beiträgen v. Benjamin H. Bratton, Hannes Grassegger, Mahmoud Keshavarz, Angela Nagle, Nina Power, Patricia Reed, Konrad Renner, Slavs & Tatars, Jonas Staal, Hito Steyerl, Wolfgang Tillmans, Stephan Trüby, Christina Varvia

IMD 470 ♦ Sayak Valencia ♦ *Gorekapitalismus* ♦ übers. v. Carla Cerda